汉语近义词学习手册

（初级）

赵新
李英　编著
洪炜

商务印书馆
The Commercial Press

图书在版编目(CIP)数据

汉语近义词学习手册.初级/赵新,李英,洪炜编著.—北京:商务印书馆,2022
ISBN 978-7-100-21609-8

Ⅰ.①汉… Ⅱ.①赵…②李…③洪… Ⅲ.①汉语—同义词—对外汉语水平考试—自学参考资料 Ⅳ.① H195.4

中国版本图书馆CIP数据核字(2022)第160657号

权利保留,侵权必究。

汉语近义词学习手册
(初级)
赵新 李英 洪炜 编著

商务印书馆出版
(北京王府井大街36号 邮政编码100710)
商务印书馆发行
北京冠中印刷厂印刷
ISBN 978-7-100-21609-8

2022年11月第1版 开本 787×1092 1/32
2022年11月北京第1次印刷 印张 10⅞
定价:58.00元

目 录

前言 ·· 1
近义词组音序索引 ································ 7
手册正文 ······································ 1—157
词目音序索引 ···································· 159

前　言

这套《汉语近义词学习手册》(以下简称《手册》)分为初级、中级、高级三册：初级收词150组，中级收词200组，高级收词135组。这些近义词组大部分出自《商务馆学汉语近义词词典》(赵新、李英主编，商务印书馆，2009)和《实用汉语近义虚词词典》(赵新、刘若云主编，北京大学出版社，2012)。我们从两部词典中挑选出"常用且差异复杂、容易混淆、学习难度高"的近义词组，并补充了一些两部词典未收但常用、难度高的近义词组，对其主要的区别性差异进行了细致的辨析。每组近义词配有足量的语句、语段练习，并附有参考答案。练习、参考答案部分独立装订，方便读者使用。

《手册》的收词和分级参考了《汉语水平词汇与汉字等级大纲》《新汉语水平考试大纲》《汉语国际教育用音节汉字词汇等级划分》和《国际中文教育中文水平等级标准》等。不同等级的近义词组按等级高的词收录：初级词与中级词的组合收入中级手册，初级词、中级词与高级词的组合收入高级手册。

《手册》可以作为汉语二语近义词学习的工具书，也可以作为对外汉语教学的辅助用书和选修课的教材，还可以作为汉语水平考试(HSK)的辅导材料。《手册》既可供汉语二语学习者和汉语教师使用，也可供中小学语文教师和中小学生使用。

《手册》中部分近义词组曾在中山大学原国际汉语学院及中文系国际汉语中心"近义词学习""词汇难点学习"等选修课中试用。在教学中，我们尝试了接受式教学与发现式教学、预防式教学与治疗式教学、分散教学与集中教学等方法,简述如下,以供使用者参考［具体可参看《汉语近义词研究与教学》(赵新、洪炜、张静静,商务印书馆,2014)］:

一、接受式教学与发现式教学

接受式教学是让学习者被动地接受知识的一种教学方式,教师在课堂上讲解近义词的种种差异,学习者不需要进行独立发现,而只需接受、理解,然后通过练习进行操练。

接受式教学法可直接使用本手册,先让学习者看解释,然后用例句进行说明,全部差异讲解完后做练习。以"见—见面"的一项差异为例,其接受式教学过程如下:

1.讲解:
【不同1】"见"可以带宾语,后面可以带"了、过、到";"见面"不能带宾语,不能带"了、过、到"。

2.举例:
(1)下午我要去见一个老朋友。(见面×)
(2)这个人我从来没见过。(见面×)
(3)我刚才见到刘老师了,他让我把这本书交给你。(见面×)
(4)前年在上海见了老李一次,以后再没见过。(见面×)

发现式教学是让学习者通过一系列的发现行为去探究并获得知识的一种教学方法。教学时先不讲解近义词的差异,而是分别列出近义词的典型例句,然后引导学习者对比两个词语出现的不同语境,通过比较发现差异。

如果采用发现式教学,可将《手册》稍加变化,做成PPT,将每一个异同分次显示例句、答案和解释:第一次显示例句,让学习者思考并做出选择；第二次显示答案，让学习者思考使用的条件；第三次显示使用规律；全部差异讲解完后做练习。请看"见—见面"同一项差异的发现式教学过程：

---

1. 显示例句，让学习者思考，做出选择：
（1）下午我要去_____一个老朋友。
（2）这个人我从来没_____过。
（3）我刚才_____到刘老师了，他让我把这本书交给你。
（4）前年在上海_____了老李一次，以后再没见过。

---

2. 显示答案，引导学习者通过例句观察差异，发现使用规律：
（1）下午我要去见一个老朋友。（见面×）
（2）这个人我从来没见过。（见面×）
（3）我刚才见到刘老师了，他让我把这本书交给你。（见面×）
（4）前年在上海见了老李一次，以后再没见过。（见面×）

---

3. 显示使用规律：
【不同1】"见"可以带宾语，后面可以带"了、过、到"；"见面"不能带宾语，不能带"了、过、到"。

两种教学法各有所长：接受式方便快捷，步骤少，用时较少，可以提高课堂教学速度，学习者也比较喜欢；但知识的记忆，尤其是长时记忆不如发现式。发现式能促使学习者进行大脑深加工，进入长时记忆，在教学效果的保持上，明显优于接受式；但步骤多，用时较长，学习者投入量大，过多使用影响教学速度，学习者也容易疲劳厌学。因此，两种方法不妨交替使用，这样速度和效果就可以兼顾。

二、预防式教学与治疗式教学

在近义词教学中,一开始就用接受式教学法或发现式教学法归纳出差异及使用条件,这种在学习者出现偏误之前讲解的方法,称为预防式教学法。一开始不讲解,先针对差异设计练习,让学习者做练习,针对练习中出现的偏误,再进行讲解或让学习者总结出差异的方法称为治疗式教学法。简言之,预防式教学讲解在出现偏误之前,治疗式教学讲解在出现偏误之后。

治疗式教学法有两个长处:一是针对性强。治疗式教学的讲练是针对学习者自己的偏误进行讲练,针对性强,学习者更重视,投入量更大,效果更好;而预防式教学学习者的重视程度不够,投入量小,效果差一些。二是节约时间。治疗式有错则讲,无错则不讲,这样就缩小了讲练的范围,有利于把更多的时间用在难点上。

但在教学中,治疗式不及预防式操作方便,教师要先让学习者做练习,并且需要批改练习、对学习者的偏误进行汇总分析。建议在教学的不同阶段,分别采用不同的教学方法,比如,在开始学习时先用预防式,然后做练习,教师批改练习后再用治疗式针对主要偏误进行讲练。

三、分散教学与集中教学

分散教学指近义词的教学分散在具体课程中,课文中有几个近义词就讲练几个。分散教学中近义词的讲练较少,而且讲练是简单、零散的,数量和质量都远远不能满足学习者的需要。因此,只采用分散教学的方式进行教学是有局限性的。

集中教学指把近义词集中起来进行讲练,这样可以充分进行讲解和练习,并且有利于总结规律,分类讲解和训练。集中教学有两种方式:一是在具体课程中进行近义词集中教学,比如在期末或期中挑选一些常用的近义词集中讲练。由于平时已经练习过,集中训练可采用治疗式教学法,先做练习,然后针对出现的偏误再做一些讲解即可,不必细讲细练。二是开设选修课进行近义词集中教学。这样可以处理比较多的近义词，可以比较充分地、有系统地进行讲练，提高学习效率。

集中教学更容易引起学习者对近义词差异的注意，而且讲解和练习比较系统具体，教学效果较好；但教学中无法完全抛弃分散式教学。最好是分散教学与集中教学相结合，既可保证近义词学习的数量，又能加深记忆，增强效果。

以上几种教学方法各有短长，在教学中综合使用，可以形成互补，增进教学效果，同时也可以调节教学节奏和气氛。

《手册》编写过程中，王意颖、吴娇琪、高明欣、刘晓迪、王玉莹、李研等同学协助做了不少整理工作。《手册》的出版得到了商务印书馆汉语编辑中心的大力支持和帮助，李智初副编审和袁舫编审首先提出了编写一套近义词手册的想法，没有两位的启示和指引，就不会有这套《手册》。在此一并衷心致谢！

囿于水平，《手册》会有疏漏和不足，敬请各位同道及使用者指正。

编者
2022年5月于中山大学

近义词组音序索引

A

矮 低 短	1
爱 喜欢	2
爱好 喜欢	3
爱好 兴趣	4

B

吧 吗	5
帮忙 帮助	6
被 叫 让	7
比 比较	8
必须 一定	9
别 不要	10
别的 其他	11
别客气 不客气	12
病 生病	13
不 没	14
不比 没有	15
不对 错	16
不同 不一样	17
不一会儿 一会儿	18
不再 再不	19

C

才 就	21
才 只	23
差 坏	24
长 远	25
长 久	26
常常 经常	27
词 词语	28
次 回	29
除了……都…… 除了……也……	29
除了……还…… 除了……也……	31

D

打开 开	32
打算 想	33
打算 准备	34
的 地 得	35
地点 地方	36
点 点钟	37
懂 明白	38
锻炼 运动	38
对 跟	39

对 双	40	过 了	61
对 向	41		
多 多么	42	**H**	
多少 几	43	还是 或者	63
		孩子 小孩儿	64
E		害怕 怕	65
二 两	44	~好 ~完	66
		好不容易 好容易	67
F		好看 漂亮	67
发现 看见	45	很 真	68
房间 房子	46		
房子 家	47	**J**	
非常 极	47	极 最	69
肥 胖	48	急 着急	70
分 分钟	49	记得 记住	72
		简单 容易	73
G		见 见面	74
高兴 快乐	50	讲 说	75
个 位	51	讲话 说话	76
给 为	52	叫 让 使	77
跟 和	53	教师 老师	78
跟……一样 像……一样	55	教室 课堂	79
更 还	56	街道 路	79
关心 照顾	57	结束 完	80
国 国家	57	旧 老	81
国外 外国	59	就要 快要	83
~过来 ~过去	59		
过去 以前	61		

K

看 见	83
看 看到 看见	84
考 考试	85

L

来 去	86
老是 总是	88
了解 知道	89

M

慢慢 越来越……	90
没关系 没什么 没事儿	92
每天 天天	93
明白 清楚	94

N

那 那儿	95
那 那么	96
那边 那里 那儿	97
那么 那样	98
那么 这么	99
能 会	100
能 可以	101
年 岁	102
年轻 年青	103
努力 认真	104
女的 女人	105

P

普通 一般	106

R

然后 以后	107
认识 知道	108
认为 觉得	109
认为 以为	110
日 号	111
日 天	112

S

时候 时间	113
事 事情	114
睡 睡觉	115

T

他 她 它	116
太 真	117
听 听到 听见	118
同学 学生	119

W

完 完成	120
忘 忘记	121
为 为了	123
为了 因为	124

X

希望 愿意	125
希望 祝	126
~下来 ~下去	127
相同 一样	128
想 要	129
想 愿意	131
想出来 想起来	132
小时 钟头	132
小心 注意	133
新 新鲜	135
需要 要	136
学 学习	137

Y

要 要求	138
也 又	139
一点儿 一些	140
一点儿 有点儿	141
一块儿 一齐 一起	143
一些 有些	144
一直 总是	145
有的 有些	146
有点儿 有些	147
又 再	148
越……越…… 越来越……	150

Z

在 正在	150
怎么 为什么	151
怎么 怎么样	153
中 中间	154
重要 主要	155
住 住在	156

A

矮 ǎi（形 short, low） 低 dī（形 low） 短 duǎn（形 short）

【相同】

都是形容词，表示两点之间距离小。"矮"和"低"都与"高"相对，表示人或物体的高度小，有时可以互换，但多用"矮"，北方一些地区也用"低"：

王亮个子比较矮，张新个子比较高。（低 √ 短 ×）

这座楼比那座楼矮。（低 √ 短 ×）

【不同】

1. "低"可以表示离地面或某个标准点近；"矮、短"没有这样的用法：

飞机飞得越来越低。（矮 × 短 ×）

操场地面不平，这里高，那里低。（矮 × 短 ×）

2. "低"可以表示水平、等级、声音不高；"矮、短"没有这种用法：

我的口语水平比安娜低得多。（矮 × 短 ×）

我读二年级，他读三年级，我比他低一级。（矮 × 短 ×）

老师讲话的声音有点低，坐在后面的同学听不到。（矮 × 短 ×）

3. "短"与"长"相对，指长度小，可用于时间、距离和具体的东西，不能和"矮、低"互换：

从教室到图书馆的距离可不短。（矮 × 低 ×）

冬天这里白天比晚上短。（矮 × 低 ×）

这条裤子太短了，我穿不行。（矮 × 低 ×）

爱 ài（动 love, like, be fond of）
喜欢 xǐhuan（动 like, love, be fond of）

【相同】

都是动词，表示对人有感情，对事物有兴趣，或对某种状态有兴趣，常可互换：

爱孩子　爱妹妹　爱玛丽　爱吃葡萄（喜欢√）

喜欢看书　喜欢踢足球　喜欢热闹　喜欢干净（爱√）

安娜特别喜欢孩子。（爱√）

我爱喝茶，特别是绿茶。（喜欢√）

【不同】

1. "爱"表示的感情比"喜欢"深，后面的宾语可以是祖国、人民、事业、家庭等，前面可以有"深、深深地"等词语；"爱"还有名词的用法，指对人或事物的感情：

爱国家　爱人民　爱家乡　深爱父亲　深深地爱你（喜欢×）

他爱祖国，爱人民，也爱自己的家。（喜欢×）

他深深地爱着这个姑娘。（喜欢×）

母亲的爱是世界上最伟大的爱。（名词，喜欢×）

2. "喜欢"主要表示有兴趣，"喜欢"的可以是具体的东西和东西的颜色、样式、味道等：

妈妈喜欢这套家具，爸爸却不喜欢。（爱×）

妹妹最喜欢香蕉味的面包。（爱×）

我非常喜欢这套衣服。（爱×）

3. "爱"还表示某种人无法控制的情况容易发生、经常发生；"喜欢"没有这样的用法：

爱发烧　爱迟到　爱生病　爱刮风　爱下雨　爱堵车（喜欢×）

这个孩子身体弱，特别<u>爱</u>感冒。（喜欢 ×）

老张比较胖，特别<u>爱</u>出汗。（喜欢 ×）

> 爱好 àihào（动 like，be fond of；名 interest，hobby）
> 喜欢 xǐhuan（动 like，love，be fond of）

【相同】

都是动词，表示对某种活动有兴趣，有时可以互换：

<u>爱好</u>音乐　<u>爱好</u>体育　<u>爱好</u>下棋　<u>爱好</u>打篮球（喜欢 √）

小张<u>爱好</u>体育运动。（喜欢 √）

李华<u>喜欢</u>唱歌，张明<u>喜欢</u>跳舞。（爱好 √）

【不同】

1. "爱好"使用范围小，一般只用于文艺体育活动；"喜欢"使用范围广，可以用于任何行为、活动：

<u>喜欢</u>吃　<u>喜欢</u>玩　<u>喜欢</u>喝酒　<u>喜欢</u>看书　<u>喜欢</u>打架（爱好 ×）

我<u>喜欢</u>喝茶，他<u>喜欢</u>喝咖啡。（爱好 ×）

他<u>喜欢</u>打架，老师经常批评他。（爱好 ×）

2. "喜欢"还表示对人或物有感情有兴趣，后面带人物或事物名词，可以带某些形容词或心理动词，表示对某种状态有兴趣；"爱好"没有这样的用法：

<u>喜欢</u>猫　<u>喜欢</u>红色　<u>喜欢</u>川菜　<u>喜欢</u>邓丽君　<u>喜欢</u>北京（爱好 ×）

<u>喜欢</u>干净　<u>喜欢</u>整齐　<u>喜欢</u>热闹　<u>喜欢</u>安静（爱好 ×）

女孩子都<u>喜欢</u>鲜花。（爱好 ×）

我不<u>喜欢</u>热闹，<u>喜欢</u>安静。（爱好 ×）

3. "爱好"还有名词用法，指很有兴趣、很喜欢的事情；"喜欢"没有这样的用法：

我的<u>爱好</u>是听音乐。（喜欢 ×）

她的爱好很多,比如看书、看电影、做运动等。(喜欢 ×)
你有什么爱好?(喜欢 ×)

爱好 àihào(名 interest,hobby;动 like,be fond of)
兴趣 xìngqù(名 interest)

【相同】

都是名词,表示对某种事物的喜欢、喜爱,但"兴趣"持续的时间可能较短,而"爱好"持续的时间更长。有时可以互换,两个词还可以连用:

张力的兴趣很多。(爱好 √)

能介绍一下你有什么爱好吗?(兴趣 √)

你知道我有什么兴趣爱好吗?

【不同】

1. "爱好"有动词的用法,后面可以有宾语;"兴趣"是名词,后面不能有宾语:

他从小爱好足球,现在已经是一名足球运动员了。(兴趣 ×)

牛力爱好音乐,特别是流行音乐。(兴趣 ×)

我爱好文学,他爱好美术。(兴趣 ×)

他是个爱好旅游的人,去过很多国家了。(兴趣)

2. "兴趣"常用于"对……感(有)兴趣"的句式中,"爱好"不能;"兴趣"还常和"产生、引起"等动词搭配,"爱好"不能:

猫总是对圆圆的东西感兴趣。(爱好 ×)

小孩子对颜色鲜艳的东西都很感兴趣。(爱好 ×)

小女孩对芭蕾舞产生了很大的兴趣。(爱好 ×)

没什么东西能引起他的兴趣。(爱好)

B

> 吧 ba（助 used at the end of a sentence to indicate suggestion, command, estimation, conjecture, etc.）
> 吗 ma（助 used at the end of a sentence to indicate interrogative tone or rhetorical question tone）

【相同】

都是语气助词，可以用在疑问句的句末，但是表达的意思不同：用"吧"的句子不是真正提出疑问，而是表示一种估计或猜测，说话人对所问的问题已经有了判断，但不肯定，请求对方证实；用"吗"的句子是真正的疑问句，说话人要求对方对问题做出肯定或否定的回答：

阿里看的是这本书吧？（我猜阿里看的是这本书。）

阿里看的是这本书吗？（我不知道，请告诉我。）

【不同】

1. "吗"可以用在反问句句末，跟"难道、不是、真的"等配合；"吧"没有这样的用法：

咱们是老朋友，难道我还会骗你吗？（吧 ×）

我不是已经告诉你了吗？怎么还问？（吧 ×）

你真的不相信我吗？（吧 ×）

2. "吧"可以用在祈使句句末，使建议、商量、请求、命令、催促等语气变得缓和一些；"吗"不能用于祈使句：

已经开始上课了，你快进教室吧！（吗 ×）

请你帮帮我的朋友吧！（吗×）

3. "吧"还可以用在陈述句句末或句中停顿处，缓和语气；"吗"不能用于陈述句：

那好吧，我就买这个吧。（吗×）

举个例子吧，大卫的汉字就写得很好。（吗×）

帮忙 bāngmáng（动 help, give a hand）
帮助 bāngzhù（动 help, assist）

【相同】

都是动词，做谓语。表示替别人出力、出主意。但用法不同，不能互换。

【不同】

1. "帮忙"是具体地做某事，事情多，干不了或忙不过来，一般用"帮忙"；"帮助"是物质上的、精神上的或非具体的，别人有困难、有麻烦的时候，一般用"帮助"：

小李一个人做不完这么多事，你去给他帮忙吧！（帮助×）

你搬家需要不需要我帮忙？（帮助×）

他们俩在学习上互相帮助。（帮忙×）

2. "帮助"可以带名词性宾语；"帮忙"不能带名词性宾语，后面可以是动词短语。"帮助"后面可以带"了、过"；"帮忙"不能：

小张总是主动地去帮助有困难的人。（帮忙×）

请你帮忙把行李搬下来。（帮助×）

他帮助过很多人。（帮忙×）

在我最困难的时候，他帮助了我。（帮忙×）

3. "帮忙"中间可以插入一些词语，还可以说成"帮帮忙"；"帮助"中间不能插入其他成分：

帮个忙　帮了忙　帮过忙（帮助 ×）
帮你的忙　帮什么忙　帮不了忙（帮助 ×）
小李给我帮过很多忙。（帮助 ×）
你帮了我的大忙，谢谢你！（帮助 ×）
你一定要帮帮忙啊！（帮助 ×）
4. "帮助"还可以做主语、宾语；"帮忙"不能：
在生活中，朋友的帮助很重要。（主语。帮忙 ×）
在他的帮助下，小明有了很大的进步。（宾语。帮忙 ×）
这些资料对我写论文很有帮助。（宾语。帮忙 ×）

被 bèi（介 by，used in a passive sentence）
叫 jiào（介 by，used in a passive sentence；动 ask）
让 ràng（介 by，used in a passive sentence；动 ask）

【相同】
　　都是介词，都可以用于被动句，引出动作行为的发出者。"被"多用于书面语，"叫、让"多用于口语，有时可以互换：
　　我的钢笔被弟弟弄丢了。（叫 √　让 √）
　　啤酒没了，都让他们喝光了。（叫 √　被 √）

【不同】
1. "被"可以直接用在动词前，句中不出现动作的发出者；"叫、让"没有这样的用法：
　　冰箱里的水果已经被吃光了。（叫 ×　让 ×）
　　茶杯被打破了。（叫 ×　让 ×）
2. "被"可以用于"被……所……"的格式，强调动作的发出者；"叫、让"没有这样的用法：
　　目前，这里已被警察所控制。（叫 ×　让 ×）

我被这孩子的话所感动，决定帮助他。（叫 ×　让 ×）

3. "叫、让"还有动词的用法，表示请求、命令；"被"没有这样的用法：

立平叫我帮他买支圆珠笔。（让 √　被 ×）

王老师让你赶快去办公室。（叫 √　被 ×）

比 bǐ（动 compare；介 than）
比较 bǐjiào（动 compare；副 fairly, quite, relatively）

【相同】

都是动词，表示把不同事物放在一起，看看是否相同或有差别。有时可以互换，"比"更多地用于口语，"比较"书面语和口语都用：

他总喜欢拿我跟他比。（比较 √）

哪个好，哪个不好，一比较就知道了。（比 √）

【不同】

1. "比"可以组成"比一比"，还可以带补语组成"比得上、比不上、比不了"；"比较"没有这样的用法：

你俩比一比谁高。（比较 ×）

他学习好，又会体育，我比不了他。（比较 ×）

你表现那么好，我哪里比得上你啊？（比较 ×）

2. "比"还有介词用法，引出比较的对象，可以说"A比B……"；"比较"没有这样的用法：

今天比昨天热。（比较 ×）

我比他高一点儿。（比较 ×）

阿里比小明的成绩好。（比较 ×）

3. "比较"还是副词，表示具有一定的程度；"比"没有这样的用法：

这次考试他考得比较好，得了90分。（比 ×）
我家离学校比较近，走路15分钟就到了。（比 ×）
我比较喜欢踢足球。（比 ×）

4. "比"还表示比赛双方得分的对比；"比较"没有这样的用法：

比赛结束了，北京队二比一战胜广东队。（比较 ×）
红队跟蓝队的比分是五比四。（比较 ×）

必须 bìxū（副 must，have to）
一定 yīdìng（副 certainly，surely；形 fixed，certain）

【相同】

都是副词，做状语修饰动词，表示态度坚定，一定要进行某个行为动作。动词前有"要、得（děi）"时，常可互换：

你明天必须要来。（一定 √）
你一定要抽时间去看看他。（必须 √）
这个工作今天必须得完成。（一定 √）

【不同】

1. "必须"表示根据事实和道理"一定要"，有命令的语气；"一定"表示行动的发出者主观上态度坚决：

这件事别人办不了，你必须亲自去。（一定 ×）
你必须马上离开这里，否则会有危险。（一定 ×）
你放心，我一定按时完成任务。（必须 ×）
他一定要去，你就让他去吧。（必须 ×）

2. "必须"有时可以放在主语的前面；"一定"只能放在主语的后面：

你的事情，必须你自己去做。（一定 ×）

这是他的问题，必须他来解决。（一定×）

3．"一定"还可以表示对某件事情或某种情况很肯定，不怀疑；"必须"没有这样的用法：

这个蛋糕一定很好吃。（必须×）

你看他的表情，一定是遇到了为难的事。（必须×）

我觉得明天一定会是晴天。（必须×）

4．"一定"还有形容词用法，做定语，表示某种程度的；"必须"没有这样的用法：

人的心情和天气好坏有一定的关系。（必须×）

他很努力，工作上取得了一定的成绩。（必须×）

他的汉语已经达到了一定的水平。（必须×）

别 bié（副 don't，had better not）

不要 bùyào（副 don't，had better not）

【相同】

都是副词，做状语，表示劝阻或禁止。"别"多用于口语，"不要"口语、书面语都用，经常可以互换：

大家别闹了，开始工作吧。（不要√）

不要这么说，他会生气的。（别√）

【不同】

1．"别"语气稍弱，多用于劝阻；"不要"语气较强，表示强烈禁止时，特别是在书面的标语口号中，用"不要"，不用"别"：

不要随地扔果皮！（别×）

医院之内，不要大声喧哗！（别×）

不要随地吐痰，违者罚款。（别×）

2．"不要"还是动词"要"的否定式，做谓语，表示"不希望得到";"别"不能做谓语：

我不要白的，要红的。（别 ×）

A：你要咖啡吗？　　B：不要，谢谢！（别 ×）

别的 biéde（代 other）　　其他 qítā（代 other, else）

【相同】

都是代词，可以做定语、主语，指某个小范围之外的人或事。经常可以互换：

除了北京，你还去过别的地方吗？（定语。其他 √）

他只能吃稀饭，其他东西都不能吃。（定语。别的 √）

我只要一瓶水，其他不要。（主语。别的 √）

吃饭的问题解决了，别的还有什么？（主语。其他 √）

【不同】

1. "别的"可以单独做宾语；"其他"要组成"其他的"才能做宾语：

我只要一杯咖啡，不要别的。（其他 ×　其他的 √）

我们说点儿别的吧。（其他 ×　其他的 √）

我们不想别的，就希望早点找到孩子。（其他 ×　其他的 √）

2. "别的"做定语时，后面不能有"的"；"其他"做定语时，后面可以有"的"：

我只认识安娜，其他人我都不认识。（别的 √）

我只认识安娜，其他的人我都不认识。（别的 ×）

其他的车都满了，你就坐这辆吧。（别的 ×）

3. "其他"后面可以跟数量短语；"别的"不能：

有两件是红色，其他几件都是蓝色。（别的 ×）

这个汉字不认识,<u>其他</u>几个都认识。(别的 ×)
它和天鹅座的<u>其他</u>四颗星组成一个漂亮的大十字形。(别的 ×)

别客气 bié kèqi(used as a polite reply when sb. thanks you for sth.)
不客气 bù kèqi(used as a polite reply when sb. thanks you for sth.;
  be rude to)

【相同】

都是礼貌用语,都可以单独用来回答别人说出的感谢话语,意思是"不要说客气的话"。常可互换:

A:谢谢你! B:<u>不客气</u>。(别客气 √)
A:你帮了我这么多,非常感谢。 B:<u>别客气</u>。(不客气 √)

【不同】

1. "不客气"只用于对他人感谢的礼貌应答;"别客气"还可以用于劝别人随便一点,不用太客气,前后可以出现一些别的词,如"请、就、了":

你想吃什么就点什么,请<u>别客气</u>。(不客气 ×)
来,我们喝茶,大家<u>别客气</u>!(不客气 ×)
我们是老朋友了,你就<u>别客气</u>了。(不客气 ×)

2. "不客气"还表示对人态度不礼貌,不热情,不友好,常做谓语、状语、定语,前面可以有"很、非常、一点儿也"等;"别客气"没有这样的用法:

那个小伙子说话一点也<u>不客气</u>。(别客气 ×)
<u>不客气</u>地说,我对这里印象一点儿也不好。(别客气 ×)
说句<u>不客气</u>的话,你们这里的东西质量都不怎么样。(别客气 ×)

> 病 bìng（动 be taken ill；名 disease, ailment）
> 生病 shēngbìng（动 fall ill）

【相同】

都是动词，做谓语，表示身体不健康，不正常、出现了问题。有时能互换：

<u>生病</u>了 没<u>生病</u> 又<u>生病</u>了 经常<u>生病</u>（病√）

他今天<u>生病</u>了，不能来上课。（病√）

没<u>病</u>就不要吃药。（生病√）

【不同】

1. "病"做谓语时后面常带补语；"生病"没有这样的用法：

<u>病</u>倒了 <u>病</u>死了 <u>病</u>得厉害 <u>病</u>了好几天（生病×）

他这个月天天加班，终于<u>病</u>倒了。（生病×）

玛丽<u>病</u>了好几天了，感冒发烧。（生病×）

他<u>病</u>得很重，得赶快送医院！（生病×）

2. "病"的后面可以带"着、过"，"生病"的后面不能。"着、过"要放在"生"和"病"的中间：

小时候我<u>生</u>过一场大<u>病</u>。（病×）

小时候我大<u>病</u>过一场。（生病×）

他正<u>生</u>着<u>病</u>呢，让他好好休息。（病×）

他正<u>病</u>着呢，让他好好休息。（生病×）

3. "病"还是名词，指身体出现的问题，可以做主语、宾语、定语；"生病"没有名词用法；常说"生病的时候"：

有<u>病</u> 看<u>病</u> 治<u>病</u> 心脏<u>病</u> 一种<u>病</u>（生病×）

<u>病</u>房 <u>病</u>假 <u>病</u>人 <u>病</u>床（生病×）

他的<u>病</u>已经完全好了，可以上学了。（主语。生病×）

医生，我得了什么<u>病</u>？（宾语。生病×）

我今天不舒服,你能帮我请个病假吗?(定语。生病×)
你生病的时候,他来看过你几次。(病×)

不 bù(副 not, no)　　　没 méi(副 have not, did not)

【相同】

都是副词,表示否定,以下情况可以互换:

1.都可以用在动词前,但有不同。"不"否定的是事物的性质或人的主观愿望;"没"否定的是事物的变化、经历或者动作行为发生的客观事实:

他一句话也<u>不</u>说。(主观上不愿意说。)

他一句话也<u>没</u>说。(客观上没有说。)

2.都可以用在一些有变化过程的形容词之前,但有不同。"不"否定事物具有某种性质或存在某种状态;"没"否定事物在性质状态上发生变化:

没着急　没紧张　没烂　没红　没熟　没好(不√)

牛肉<u>不</u>熟,再煮一会儿。(不具有"熟"的状态。)

牛肉<u>没</u>熟,再煮煮。(没有出现从"不熟"到"熟"的变化。)

【不同】

1."不"多否定将来的、未发生的动作行为,也可以否定经常性或习惯性、规律性的动作行为;"没"多否定过去的、已经发生的动作行为:

明天你们去吧,我<u>不</u>去。(将来。没×)

他常常<u>不</u>吃早饭。(经常性、规律性。没×)

昨天我感冒了,<u>没</u>去上课。(过去。不×)

2.在明确强调主观愿望的句子中,过去的行为也可以用"不";"没"也可以用于将来,但要受到限制,一般用在假设句或表示估计的句子中:

以前我不喜欢喝酒，现在喜欢喝。（强调主观愿望。没×）

如果明天他还没回来，你就打电话告诉我。（假设。不√）

明年三月，他可能还没离开广州呢。（估计。不×）

3. "不"可以和"了"配合，"没"很少和"了"配合；"没"可以和"过"配合，"不"不能：

他不去北京了。（没×）

小李今天不走了。（没×）

我从来没见过他。（不×）

我没去过北京。（不×）

4.一些形容词、动词之前只能用"不"否定；不能用"没"：

不聪明　不漂亮　不舒服　不可爱　不真实　不复杂（没×）

不高　不矮　不长　不短　不近　不远　不快　不慢（没×）

不会　不愿　不知道　不等于（没×）

她不聪明，但很努力。（没×）

不比 bùbǐ（动 be not as... as）　　　没有 méiyǒu（副 have not）

【相同】

都用于比较句，构成"A不比/没有B+形容词"的结构。有时可以互换，但意思不同。"A没有B……"是"比"字句的否定形式，它所表示的意思是"A达不到B的程度"，即：A没有B好=B比A好；"A不比B……"从形式上看很像是"比"字句的否定形式，但实际上不是，它往往针对的是别人的看法或结论，意思是"A跟B差不多"：

小王没有我高。（我比小王高。）

小王不比我高。（小王跟我差不多高。）

【不同】

1. "不比"可以用在"A不比B＋形容词＋多少"的句式中；"没

有"不能：

他不比你高多少。（没有×）

他的听力并不比你好多少。（没有×）

2."不比"可与消极意义的形容词搭配；"没有"跟消极意义的形容词搭配时，形容词前一般要有"那么、这么"：

他的汉语水平不比你差。（没有×）

他的汉语水平没有你那么差。（不比×）

我不比他矮。（没有×）

我没有他那么矮。（不比×）

3."没有"可以用在"A没有B那么/这么+形容词"的句式中；"不比"不能：

他没有小平那么聪明。（不比×）

我没有你那么冷静。（不比×）

不对 bùduì（形 incorrect） 错 cuò（形 wrong；名 fault）

【相同】

都是形容词，表示不正确、不合适。有时可以互换，不过"错"的语气重，"不对"比较委婉：

你这样做是不对的。（错√）

不对的地方都要改过来。（错√）

你说我错在哪里。（不对√）

【不同】

1."不对"能单独做谓语，后面不能带"了""下去"；"错"不能单独做谓语，后面要有"了""下去"：

你这样做不对！（错×）

我错了，请您原谅！（不对×）

你好好想想，不要再错下去了。（不对×）

2. "不对"可以放在"得"后面做补语；"错"不行。"错"常直接用在动词后做补语；"不对"不行：

读得不对　写得不对　做得不对　（错×）

说错　做错　看错　写错　记错（不对×）

这句话说得不对。（错×）

不好意思，我说错了。（不对×）

我看错时间了，早到了半个小时。（不对×）

3. "错"可以直接放在一些单音节名词前做定语；"不对"没有这样的用法：

错字　错词　错句　错序　错号（不对×）

他知道自己做了错事，低着头不敢说话。（不对×）

老师对考试中出现的错题进行了分析。（不对×）

4."错"还是名词，指错的事物、行为，口语中常儿化，说成"错儿"：

你做得对，没有错。（不对×）

慢慢做，别出错。（不对×）

5. "不对"还表示不正常；"错"没有这个意思：

他今天脸色不对，是不是病了？（错×）

如果发现病人情况不对，赶快叫医生。（错×）

最近感觉有点不对，我打算去医院检查一下。（错×）

这辆车的声音有点儿不对，得检查一下。（错×）

不同 bùtóng（形 not the same, different）
不一样 bù yīyàng（形 not the same, different）

【相同】

都表示没有相同的地方，可以做谓语和定语。有时可以互换：

这两个词的意思不同。(谓语。不一样 √)

去郊区走一走,你就会有不一样的感觉。(定语。不同 √)

【不同】

1. "不同"强调两者不是同一种,不是同一个;"不一样"强调两者之间有差别,不相同。如果很明显地表示"不是同一个"时,那么只能用"不同":

我和你生活在不同的年代,想法当然不一样。(不一样 ×)

罗西和杰克乘坐不同的班机到了北京。(不一样 ×)

我们的民族不同,他是汉族,我是回族。(不一样 ×)

2. "不同"做定语时,后面可以不带"的";"不一样"做定语时,后面要带"的":

不同国家　不同民族　不同地区　不同文化　不同思想(不一样 ×)

这是两种不同的颜色。(不一样 √)

几位来自不同国家的留学生正在表演小品。(不一样 ×)

3. "不同"还常做主语和宾语;"不一样"不能:

两种文化的不同表现在各个方面。(主语。不一样 ×)

请比较这两个词的不同。(宾语。不一样 ×)

4. "不一样"可以用在一些单音节形容词前做状语;"不同"没有这样的用法:

不一样快　不一样高　不一样长　不一样重　不一样宽(不同 ×)

我和他不一样高。(不同 ×)

这两个箱子不一样重。(不同 ×)

不一会儿 bù yīhuìr(副 in a moment, in a little while)

一会儿 yīhuìr(数量 a little while;副 in a moment)

【相同】

都表示很短的时间,做状语和定语,经常可以互换,但"不一会

儿"表示的时间比"一会儿"更短一些:

早上我只吃了一个面包,<u>不一会儿</u>就饿了。(状语。一会儿 √)
从这里骑车到学校,<u>一会儿</u>就到了。(状语。不一会儿 √)
<u>一会儿</u>的工夫,他就从家里赶来了。(定语。不一会儿 √)

【不同】

1. "不一会儿"只用于已经发生的事情;"一会儿"还可用在未发生的事情上。"不一会儿"在句中常常用逗号隔开:

人多力量大,<u>不一会儿</u>,教室就打扫干净了。(已发生。一会儿 √)
我先出去一下,<u>一会儿</u>再来。(未发生。不一会儿 ×)
你在这里等一下,我<u>一会儿</u>就来。(未发生。不一会儿 ×)

2. "一会儿"可以在动词后面做补语;"不一会儿"不能:

等<u>一会儿</u>　看<u>一会儿</u>　叫了<u>一会儿</u>　唱了<u>一会儿</u>(不一会儿 ×)
她站在门口等了<u>一会儿</u>,还不见爸爸回来。(不一会儿 ×)
放学后,小宝喜欢到公园里玩<u>一会儿</u>再回家。(不一会儿 ×)

3. "一会儿"可以用在两个词或短语前,表示两种情况交替发生;"不一会儿"不能:

她<u>一会儿</u>洗衣服,<u>一会儿</u>收拾屋子,忙个不停。(不一会儿 ×)
孩子<u>一会儿</u>哭,<u>一会儿</u>叫,她一点儿办法也没有。(不一会儿 ×)

不再 bùzài(副 no longer, not any more)
再不 zàibù(副 no more)

【相同】

都是副词,做状语,表示以前曾经有过的情况不会出现。如果主语是人,谓语是人能控制的情况,可以互换,但意思稍有不同。"不再"是客观陈述,"再不"主要表示主观决心:

从此以后，他就<u>不再</u>来了。（再不 √）

他保证以后<u>再不</u>乱丢垃圾了。（不再 √）

【不同】

1.如果主语不是人，或谓语是人不能控制的事，只能用"不再"，不能用"再不"：

进入九月份，<u>天气不再</u>像前段时间那么热了。（主语是"天气"，不是人。再不 ×）

我们都<u>不再</u>年轻了，要注意身体。（谓语"年轻"是人不能控制的事。再不 ×）

2."不再"是"下一次不"的意思，语气一般比较平和，前面可以加上"决、绝、绝对"等词语来加强语气；"再不"是"以后永远不"的意思，语气比"不再"强，前面不能再加"决、绝、绝对"等词语加强语气：

这是最后一次，我保证决<u>不再</u>迟到。（再不 ×）

请您放心，以后绝<u>不再</u>出现这样的情况。（再不 ×）

小兰说这辈子绝对<u>不再</u>找男朋友了。（再不 ×）

3."不再"的前面可以有"才、暂时、已经、永远"等词语；"再不"没有这样的用法：

吃过一点面包，我才<u>不再</u>觉得难受了。（再不 ×）

学校决定，王老师暂时<u>不再</u>担任你们的班主任。（再不 ×）

过了春节，天气已经<u>不再</u>那么冷了。（再不 ×）

4."不再V"和"再不V"都可以用在表示假设条件的句子里（V=动词性词语），但用法不同。"不再V"中，V是说话以前已经出现过的情况；"再不V"中，V是到说话时一直没有出现的情况。不能互换：

假如你以后<u>不再</u>拍戏，你可以来我的公司上班。（以前经常"拍戏"。再不 ×）

经常锻炼的人如果<u>不再</u>锻炼，很容易发胖。（以前经常"锻炼"。

再不×)

你两年没有拍戏了,再不拍戏的话,观众快把你忘了。(说话前两年内没"拍戏"。不再×)

你都感冒几天了还不吃药,再不吃药,就麻烦了。(说话前没"吃药"。不再×)

C

才 cái(副 used to indicate that the time is late; used to indicate that the quantity small or large; only,just,a moment ago)
就 jiù(副 used to indicate that the time is early; used to indicate that the quantity small or large; at once)

【相同】

都是副词,都可以用在数量词语之前,强调数量少,相当于"只";用于已经发生的事情时,常可互换:

你才去了一次,怎么知道得这么清楚?(就√)

你怎么才吃这么一点儿饭?(就√)

我也不知道,我跟他就说了几句话。(才√)

这一组就四个人,太少了。(才√)

【不同】

1.用在数量词语之前,强调数量少时,"就"可以用于未发生的事;"才"只用于已发生的事:

你等一下,我就跟你说几句话。("说话"还未发生。才×)

我就问一个问题,别的不问。("问问题"还未发生。才×)

我就喝了一杯酒，脸就红了。（"喝酒"已发生。才√）

2.用在数量词语之前时，"才"只强调数量少，"就"还可以强调数量多：

去参加的人很多，我们班就去了十来个。（数量多。才×）

去参加的人不多，我们班才去了十来个。（数量少。就×）

他读了很多书，中国当代小说就读了几十本。（数量多。才×）

他读的书不多，中国当代小说才读了几本。（数量少。就×）

这孩子才10岁，就长这么高了？（就×）

现在才9：00，你就睡觉了？（就×）

3.都可以用在数量词语之后，但意思不同。"才"强调数量多或时间晚、长；"就"强调数量少或时间早、短：

这种自行车便宜，两三百块钱就能买到。（数量少。才×）

这种自行车不便宜，两三百块钱才能买到。（数量多。就×）

他7：00就起床了，所以来得比较早。（时间早。才×）

他7：00才起来，所以迟到了。（时间晚。就×）

这本书我一个星期就看完了。（时间短。才×）

这本书我一个星期才看完。（时间长。就×）

4."才"可以表示事情不久前发生，相当于"刚"；"就"可以表示事情很快就要发生，或表示前后事情紧接着发生，还可以用来加强语气：

你怎么才来就要走呢？（≈刚。就×）

他才到广州，环境还不熟悉呢。（≈刚。就×）

你等一下，我马上就来。（"来"很快就要发生。才×）

我刚到家，玛丽就找我来了。（"到家"和"找我"紧接着。才×）

我就知道你一定会帮我的。（加强语气。才×）

说了半天，你怎么就不相信我呢！（加强语气。才×）

> 才 cái（副 only, just; a moment ago; used to indicate that the time is late; used to indicate that the quantity is small or large）
> 只 zhǐ（副 only, just, merely）

【相同】

都是副词，做状语，用在数量词语之前，强调数量少。用于已发生的事情时，常可互换：

事情不多，才用了半天就做完了。（只 √）
一共才有10个，不够我们几个人分。（只 √）
我早上只吃了一个面包，现在有点饿了。（才 √）
他只比我早到一天。（才 √）

【不同】

1.强调数量少时，"才"用于已发生的事情，强调比自己预期的要少；"只"强调的是客观情况，还可以用于未发生的事情：

他身体越来越好，今年才得过一次感冒。（已发生。只 √）
明天上午我只讲半小时，其他时间大家讨论吧。（未发生。才 ×）
你们等一会儿，我只跟他谈10来分钟。（未发生。才 ×）

2."才"可以用在数量词语之后，表示数量多，用的时间长；"只"没有这样的用法：

现在好看一点儿的裙子，至少要几百块才买得到。（数量多。只 ×）
这本书我看得很慢，差不多一个月才看完。（时间长。只 ×）
事情比较多，可能要六个人才行。（数量多。只 ×）

3."才"可以表示事情在说话前不久发生，相当于"刚"；还可以表示事情、行为发生得晚或进行得不顺利、慢。"只"没有这样的用法：

我才从上海回来不久。（≈刚。只 ×）
路上塞车，我8:30才到。（"到"得晚。只 ×）
我找了好几个地方才找到他。（"找到"不顺利。只 ×）

4. "只"可以限定范围，强调范围小；"才"没有这样的用法：

只因为这一件小事，他俩就吵了半天。（才×）

来北京后，我只去过故宫，别的旅游点都没去过。（才×）

下午只你一个人去行吗？（才×）

差 chà（形 not up to standard，poor）　　坏 huài（形 bad）

【相同】

都是形容词，表示不好，令人不满意。在形容"脾气、态度、人品、风气"等时可以互换，但"坏"比"差"程度高：

脾气差　态度差　人品差　品德差　风气差（坏√）

李成龙的脾气很坏，动不动就发火。（差√）

【不同】

1. "差"主要指达不到某一标准，形容质量、条件、环境、成绩、身体、素质等；"坏"多形容人，指人的缺点多、品质不好。意思明确时不能互换：

这家商店商品的质量很差。（坏×）

我们住的房子条件很差。（坏×）

这个人很坏，大家都很讨厌他。（差×）

他专门欺负小孩子，简直太坏了！（差×）

2. "坏"常常单独做定语；"差"一般不单独做定语：

坏人　坏事　坏话　坏书　坏天气　坏心情（差×）

坏主意　坏思想　坏习惯　坏毛病　坏脾气（差×）

我看这次失败不一定是件坏事。（差×）

他是个好人，但有一些坏毛病。（差×）

3. "坏"还表示东西不能使用了或食物变质了，不能吃了；还可以在动词后面做补语，表示事情办得不好，出现了问题和麻烦。"差"

没有这样的用法：

我的手机坏了，不能用了。（差 ×）

这些面包已经坏了，不能吃了。（差 ×）

搞坏了　弄坏了　压坏了　挤坏了　玩坏了（差 ×）

他虽然是好心，却把事情搞坏了。（差 ×）

4. "坏"还可以在一些单音节形容词后面做补语，表示程度很高，多用于不好的情况；"差"不能：

饿坏了　渴坏了　急坏了　忙坏了　累坏了（差 ×）

今天中午没吃饭，把我饿坏了。（差 ×）

干了整整一天，累坏了吧？快休息吧。（差 ×）

长 cháng（形 long）　　　远 yuǎn（形 far, distant）

【相同】

都是形容词，表示空间或时间的距离大，但意思和用法有不同，很少能互换：

这么长的距离，我们只走了一个小时。（远 √）

山路太远了，我们走了两个多小时。（长 √）

你知道从这里到那座楼的距离有多远吗？（长 √）

【不同】

1. "长"形容桥、路及具体东西的长度大，也可以形容时间的长度大，跟"短"相对：

这座桥不太长，大概有500米左右。（远 ×）

这条路很长，一直通向海边。（远 ×）

现在是夏天，白天比夜晚长。（远 ×）

这条绳子很长，也很结实。（远 ×）

玛丽的头发又黑又长，很漂亮。（远 ×）

2. "远"形容空间的距离大,还可以形容一个时间点到另一个时间点距离大,跟"近"相对,常用在"离……远"的句式中:

你家离学校太远了,坐车都要一个多小时。(长×)

小鸟越飞越高,越飞越远。(长×)

从很远的地方传来几声狗叫。(长×)

现在离春节不远了,只有半个月了。(长×)

3. 都可以用在动词后做补语,但"远"常用在含有"移动"义的动词后,"长"多用在含有"变化"义的动词后;"长"可以单独做定语,"远"做定语时前面要有副词"很、好、非常"等:

走远 跑远 飞远 开远 游远(长×)

加长 变长 改长 拉长(远×)

长裤 长裙 长鼻子 长时间(定语。远×)

她已经走远了,你还不快追?(长×)

别看了,飞机已经飞远了。(长×)

这件衣服洗了以后,怎么变长了?(远×)

我今天买了一条蓝色的长裤。(远×)

从这里能看到很远的地方。(长×)

长 cháng(形 long)   久 jiǔ(形 for a long time)

【相同】

都是形容词,表示时间上的距离大,有时可以互换:

希望你让大家等待的时间不会太长。(久√)

一百年太长,我活到80岁就可以了。(久√)

你快点,别让我等的时间太久。(长√)

【不同】

1. "久"表示时间长,通常不需要跟"时间"一起使用;"长"多

跟"时间"一起使用:

好久不见。(长×)
好长时间没见到你了。(久×)
要等这么久吗?(长×)
要等这么长时间吗?(久×)
过了很久,他才回到教室。(长×)
过了很长时间,他才回到教室。(久×)
很久以前,这里还是一片菜地。(长×)

2. "久"可以直接用在动词后做补语,表示动作行为时间长;"长"没有这样的用法:

站久 等久 用久 看久(长×)
东西用久了就会坏。(长×)
你快回来,别让我等久了。(长×)
别老用耳机听音乐,听久了影响听力。(长×)

3. "长"还可以表示东西的长度大,跟"短"相对:

他胳膊长,腿长,练游泳很好。(久×)
这条裙子长了一点儿。(久×)

常常 chángcháng(副 frequently, often)
经常 jīngcháng(形 frequently, constantly, regularly)

【相同】

都是副词,常做状语,表示动作行为发生次数多。常可互换:
我常常在图书馆碰到李老师。(经常√)
学习语言一定要经常说,经常练。(常常√)

【不同】

1. "经常"前面可以有否定词"不";"常常"不能:

奶奶身体不太好,不经常出门。(常常×)
最近你怎么不经常去图书馆了?(常常×)
2."经常"可以做定语,可以放在"是……的"结构中做谓语,可以说"经常不经常";"常常"没有这样的用法:
考试不及格对他来说是经常的事。(常常×)
麦克迟到是经常的。(常常×)
我们经常去打网球,你经常不经常去?(常常×)

词 cí(名 word)　　词语 cíyǔ(名 words and expressions)

【相同】

都是名词,指独立运用的语言单位,但意思有差别:"词"指能独立运用的最小的语言单位,多是一个或两个汉字;"词语"包括词和短语,范围比"词"大,多是三个以上汉字;在所指不明确时可以互换:

新词　初级词　中级词　高级词(词语√)
礼貌词语　常用词语　方言词语(词√)
你已经掌握了多少词?(词语√)
这套教材收入的词语共有1783个。(词√)

【不同】

1."词""词语"在所指明确时,不能互换:
"吃"这个词是动词,可以带宾语。(词语×)
现在我来讲"忍不住"和"不由得"这两个词语的用法。(词×)
2."词"做定语时,后面要有"的";"词语"可以直接做定语,后面不用"的":
词的讲解　词的分析　词的练习(词语√)
词语讲解　词语分析　词语练习(词×)

词的讲解先到这里,下面来做词的练习。(词语 √)
我们先进行词语讲解,然后做词语练习。(词 ×)

次 cì(量 a verbal measure word）　　回 huí(量 a verbal measure word）

【相同】

都是量词,常和数词组合,用在动词后面,表示动作、事情的数量,经常可以互换:

每一次　每次　这一次　这次　上一次　下一次　有一次(回 √)
这次会议我负责接人,一天要去接三次。(回 √)
我想回国前再去一次桂林,好好玩玩。(回 √)
我每回来广州,都要去看老师。(次 √)

【不同】

1. "次"可以用于反复出现的事物;"回"不能:
经过多次试验,我们找到了原因。(回 ×)
小组一次次的讨论,终于有了结果。(回 ×)
警察的这次调查终于有了结果。(回 ×)
每次作业都有人没完成。(回 ×)

2. "回"可以组成"一回事、两回事、怎么回事";"次"不能:
他说的是一回事,你说的是另一回事。(次 ×)
跳高和游泳完全是两回事。(次 ×)

除了……都…… chúle... dōu...（except）
除了……也…… chúle... yě...（besides, except）

【相同】

都可以组成"除了A,B也/都……"的句式,表示排除A,其余的都一样，即B具有后面的性质或行为，而A没有。B是"谁、什么、哪儿"等词语、且后面有否定词"不、没有"时，可以互换：

除了小李（A）之外，谁（B）都不知道这件事。（小李知道，别人都不知道。除了……也…… √）

除了去过广州（A），我哪儿（B）也没去过。（只去过广州，别的地方都没去过。除了……都…… √）

【不同】

1. "谁、什么、哪儿"的后面没有否定词"不、没"时，只能用"除了……都……"：

除了小李（A）之外，谁（B）都知道这件事。（小李不知道，别人都知道。除了……也…… ×）

除了广州（A），我哪儿（B）都去过。（没去过广州，别的地方都去过。除了……也…… ×）

2. B是单数时，只能用"除了A，B也……"，表示A和B有同一种性质或行为；B是复数时，都可以用，但意思不同。"除了A，B也……"表示A和B有同一种性质或行为，"除了A，B都……"表示B具有后面的性质或行为，而A没有：

除了小李（A），小刘（B，单数）也知道这件事。（小李和小刘都知道。除了……都…… ×）

除了小李（A），其他同学（B，复数）也知道这件事。（小李知道，别人也知道）

除了小李（A），其他同学（B，复数）都知道这件事。（小李不知道，别人知道）

除了榴莲（A），荔枝（B，单数）我也喜欢吃。（榴莲我喜欢，荔枝我也喜欢。除了……都…… ×）

除了榴莲（A），别的水果（B，复数）我也喜欢吃。（榴莲我喜欢，别的水果我也喜欢）

除了榴莲（A），别的水果（B，复数）我都喜欢吃。（榴莲我不喜欢，别的水果我喜欢）

> 除了……还…… chúle... hái...（besides）
> 除了……也…… chúle... yě...（except，besides）

【相同】

都可以组成"除了A，……也/还B"的句式，表示一个人或一些人同时具有A、B两种行为，此时B是句子的宾语：

他除了喜欢打羽毛球（A），还喜欢打网球（B，宾语）。（他喜欢打羽毛球，也喜欢网球。除了……也…… √）

除了买食品（A）外，我还要买一些用品（B，宾语）。（我要买食品，也要买用品。除了……也…… √）

【不同】

"除了……也……"还可以组成"除了A，B也……"的句式，表示A、B两个人或两种事物有同一种性质或行为，此时B是句子的主语；"除了……还……"不能这样用：

除了杰克（A），阿里（B，主语）也喜欢打网球。（杰克和阿里都喜欢打网球。除了……还…… ×）

我们班除了金智贤（A）外，全明淑（B，主语）也是韩国人。（金智贤和全明淑都是韩国人。除了……还…… ×）

除了羽毛球（A），网球（B，主语）我也喜欢打。（羽毛球和网球我都喜欢。除了……还…… ×）

除了买食品（A）外，用品（B，主语）我也要买一些。（食品和用品我都要买。除了……还…… ×）

D

> 打开 dǎkāi（动 open） 　　开 kāi（动 open, turn on）

【相同】

1. 都表示通过某种动作使关闭着的东西不再关闭，用于"门、窗、柜子"时，常可互换：

不要随便开门让不认识的人进来。（打开 √）

外面正在下雨，你先不要开窗子。（打开 √）

2. 都可以表示使机器开始工作，常可互换：

打开热水器　打开风扇　打开电灯（开 √）

开收音机　开电脑　开电视（打开 √）

他每天一回家第一件事就是打开电脑。（开 √）

妈妈一开收音机才发现电池没电了。（打开 √）

【不同】

1. "打开"的可以是"书、课本、报纸、杂志"等；"开"没有这样的用法：

请打开课本第35页。（开 ×）

我一打开报纸就看到了这个好消息。（开 ×）

他正准备打开书，电话就响了。（开 ×）

2. "打开"可以单独做"把"字句的谓语，还可以用在"被"字句中；"开"不能单独用在"把"字句中或"被"字句中，后面需要补语，组成短语"开开"：

请你把窗户打开。（开 ×　开开 √）

屋里太热了，你把空调打开吧。（开 ×　开开 √）
门已经被开开了。（开 ×　打开 √）
窗户被他开开了。（开 ×　打开 √）

3. "打开"后面不能带"着"；"开"后面可以带"着"：
晚上开着风扇睡觉容易感冒。（打开 ×）
他的房间里还开着灯。（打开 ×）
他喜欢开着电视做作业。（打开 ×）

4. "开"可以表示开动，驾驶，使车、船、飞机等开始行走；"打开"没有这样的用法：
开车的时候，一定要注意安全。（≈驾驶。打开 ×）
大家快上船，船马上就要开了。（≈开动。打开 ×）

打算 dǎsuàn（动 intend；名 plan）
想 xiǎng（动 want to, miss, think）

【相同】

都是动词，可以用在别的行为动词前，都有"愿意""考虑"的意思，常可互换。但"想"强调希望、愿意，而"打算"强调有准备、有计划：
我想去国外读大学。（打算 √）
我想暑假回趟老家。（打算 √）
你打算怎么办？（想 √）
我打算明年去欧洲旅行。（想 √）

【不同】

1. "打算"是计划、考虑做某事；"想"主要表示愿意做某事。"打算"比"想"有计划、有准备。语义明时不能互换：
你想喝咖啡吗？来一杯？（打算 ×）

我现在想吃面条,你给我做吧。(打算×)
市政府打算今年提高公务员的工资。(想×)

2."想"前面可以有"很、十分、非常"等程度副词;"打算"没有这样的用法:

我很想跟他学画画儿。(打算×)
我非常想去云南旅游,但一直没时间。(打算×)

3."打算"有名词用法,表示"有关做某事的想法、计划";"想"没有这样的用法:

我有一个打算,暑假去北京旅游。(想×)
快放假了,你有什么打算?(想×)
快说说你的打算。(想×)

4."想"还有"思考、考虑""想念""估计、认为"等意思;"打算"没有:

这件事我再想想,明天答复你。(≈思考、考虑。打算×)
丽达不习惯这里的生活,天天想家。(≈想念。打算×)
我想他一定会来。(≈估计、认为。打算×)

打算 dǎsuàn(动 intend;名 plan)
准备 zhǔnbèi(动 prepare,plan)

【相同】

都是动词,表示考虑、计划,想去做某事,可带动词、小句做宾语,常可互换,但意思有所不同。"打算"可能考虑好了,还没有行动;"准备"可能有具体的行动了:

我打算下半年去北京学习。(准备√)
你们打算什么时候出发?(准备√)
我正准备去找你,你就来了。(打算√)

我准备考研究生。(打算 √)

【不同】

1. "打算"可以组成"为/替……打算",还可以做名词,表示"有关做某事的想法、计划";"准备"没有这样的用法:

她总是替别人打算,从不为自己打算。(准备 ×)

你假期有什么打算?(准备 ×)

你的这个打算还不错,我同意。(准备 ×)

2. "准备"可以表示开始做某事之前做安排,后面可以带名词性宾语,前面常出现"认真、仔细、充分"等词语;"打算"没有这样的用法:

现在听写,大家准备好纸和笔。(打算 ×)

我给你准备了面包和水,你路上吃。(打算 ×)

下个星期考试,请同学们认真准备。(打算 ×)

没问题,我们已经做好了充分准备。(打算 ×)

的 de(助 the mark after an attributive)

地 de(助 the mark after an adverbial)

得 de(助 the mark before a complement)

【相同】

都是结构助词,读音相同,但用法不同,不能互换。

【不同】

1. "的"是定语的标志,用在定语的后面,名词的前面:

我的书 他的东西 妈妈的衣服 哥哥的电脑(地 × 得 ×)

寒冷的冬天 好听的名字 好看的电影 美好的希望(地 × 得 ×)

吃的东西 学习汉语的外国人 他设计的游戏(地 × 得 ×)

巨大的变化 年轻人的热情 他的努力 老师的批评(地 × 得 ×)

2. "地"是状语的标志,用在状语的后面,动词的前面:
高高兴兴地玩 慢慢儿地走 轻轻地关上门(的× 得×)
大声地喊叫 认真地思考 顺利地通过 生气地走了(的× 得×)
3. "得"是补语的标志,用在动词或形容词的后面,补语的前面:
哭得伤心 长得漂亮 写得很认真 穿得很整齐(的× 地×)
洗得干干净净 高兴得跳起来 听得清楚 走得快(的× 地×)
热得要死 累得要命 忙得不得了 聪明得很(的× 地×)

地点 dìdiǎn(名 site,place)
地方 dìfang(名 place,part,aspect,locality)

【相同】

都是名词,指某个区域,但所指范围大小不同,有时可以互换:
什么地点 上车地点 开会的地点 事故发生的地点(地方√)
你快告诉我,你现在在什么地点?(地方√)
开会的地点已经定下来了。(地方√)

【不同】

1. "地点"指某一具体位置,比较小;"地方"所指一般比"地点"大:
上车地点就在学校东门口。(地方×)
会议地点在三楼会议室。(地方×)
荆州地区是湖北最大也是最富裕的地方。(地点×)
这个地方好美,早就听说过。(地点×)
2. "地点"和前面的定语之间有时可以没有"的";"地方"和前面的定语之间必须有"的":

上车地点　开会地点　集合地点（地方 ×）
上车的地点　开会的地点　集合的地点（地方 √）
上车地点就在校门口。（地方 ×）
上车的地点就在校门口。（地方 √）

3. "地方"可以指空间的一部分，还可以指人体或事物的某一部分；"地点"没有这样的用法：

这儿还有地方，坐这儿来吧！（地点 ×）
你什么地方不舒服？（地点 ×）
这个电影有几个地方不真实。（地点 ×）
老师说我的发育有些地方还不太好。（地点 ×）

点 diǎn（名 o'clock）　　　点钟 diǎnzhōng（名 o'clock）

【相同】

都是表示时间点的名词，在表示整点时可以互换：

两点　三点　四点　五点（点钟 √）
我们今晚八点吃饭。（点钟 √）
他下午两点钟就到北京了。（点 √）

【不同】

"点"既可以表示整点，后面也可以带"分""刻"等，表示非整点；"点钟"只能表示整点，后面不能带分钟：

两点十分　三点一刻　四点半　五点四十（点钟 ×）
我们是十点半见，还是十点一刻见？（点钟 ×）
周一早上八点五十五分我们就上课了。（点钟 ×）
我的火车十二点二十（分）到广州。（点钟 ×）

> 懂 dǒng（动 understand, know）
> 明白 míngbai（动 know；形 clear, sensible）

【相同】

都是动词，表示知道、了解了意思、道理，有时可以互换：

不<u>懂</u>　没<u>懂</u>　<u>懂</u>不<u>懂</u>　听<u>懂</u>　弄<u>懂</u>（明白√）

学了这些知识，我才弄<u>懂</u>天上为什么会下雨。（明白√）

这个句子的意思你<u>明白</u>不<u>明白</u>？（懂√）

【不同】

1. "懂"后面常常指知识、专业的名词宾语，表示了解、掌握了这种知识、专业；后面还可以带指人的宾语，表示了解和理解这个人的思想、心理等。"明白"不能：

<u>懂</u>艺术　<u>懂</u>生活　<u>懂</u>电脑　<u>懂</u>汉语　<u>懂</u>音乐（明白×）

<u>懂</u>你　<u>懂</u>我　<u>懂</u>玛丽（明白×）

你<u>懂</u>不<u>懂</u>汉语？我一点儿也不<u>懂</u>。（明白×）

在我的朋友中，玛丽最<u>懂</u>我。（明白×）

2. "明白"表示对事情有清楚的了解和认识，没有模糊的地方；后面常跟句子形式的宾语。"懂"不能：

<u>明白</u>过来　<u>明白</u>得太晚（懂×）

大家心里都<u>明白</u>他是个什么样的人。（懂×）

这件事我到现在才<u>明白</u>过来。（懂×）

> 锻炼 duànliàn（动 take physical exercise）
> 运动 yùndòng（动 take physical exercise；名 sports, movement）

【相同】

都是动词，指从事体育活动，使身体健康强壮。做谓语，可以重

懂　明白；锻炼　运动；对　跟

叠，常可互换：

　　适当锻炼对身体很好。（运动 √）
　　看书看累了可以去操场运动运动。（锻炼锻炼 √）
　　他不喜欢运动，所以越来越胖。（锻炼 √）

【不同】

1. "锻炼"除了指通过体育活动使身体变得强壮外，还可以指通过生产劳动、社会工作实践等提高工作、生活能力等，后面可以带宾语；"运动"没有这样的用法：

　　他每天早上锻炼身体。（运动 ×）
　　我在工作中得到了很好的锻炼。（运动 ×）
　　让他当班长对他来说是一次锻炼的机会。（运动 ×）

2. "运动"还表示物体的位置发生变化；"锻炼"没有这个意思：

　　世界万物都在运动。（锻炼 ×）
　　由于受到外力作用，静止的小球开始运动。（锻炼 ×）

3. "运动"有名词用法，指体育活动，还可以直接用在名词前做定语；"锻炼"没有这样的用法：

　　乒乓球运动在中国很受欢迎。（锻炼 ×）
　　弟弟买了一双运动鞋。（锻炼 ×）

对 duì（介 with regard to, concerning to）
跟 gēn（介 with, to, towards）

【相同】

都是介词，引进动作或言语行为的对象，组成"A 对/跟 B……"的句式，表示A对B做什么，说什么。有时可以互换：

　　他对我做了个手势，让我别说话。（跟 √）
　　你把事情的详细经过跟大家说说吧。（对 √）

今天张老师跟我们讲了毕业论文的要求。（对 √）

【不同】

1. "A对B……"主要表示A如何对待B，或表示A对B会有什么作用、产生什么影响，"对"相当于"对于"；"A跟B……"主要表示A和B相比较，或表示A和B有关联，一起做什么，相当于"和"，还表示A从B那里取得什么，相当于"向"：

他一向对这些事不感兴趣。（跟 ×）
多吃水果对身体有好处。（跟 ×）
这种方法对提高听力很有帮助。（跟 ×）
爸爸的话对我是很大的鼓励。（跟 ×）
陈聪跟他哥哥一样，都爱收集邮票。（≈和，对 ×）
李明跟刘智是好朋友。（≈和，对 ×）
吉姆在跟王平学广州话。（≈向，对 ×）
我跟陈平借了20块钱。（≈向，对 ×）
姐姐对着窗外发呆。（跟 ×）

2. "对"后面可以带"着"，表示"面向着、朝着"的意思；"跟"不能：

她对着我大喊一声。（跟 ×）
他对着我做了个表示胜利的手势。（跟 ×）

对 duì（量 pair, couple）　　双 shuāng（量 pair）

【相同】

都可以用作相关两个东西的量词，如"眼睛、翅膀、耳朵、手套"等：

每个人都有一双耳朵。（对 √）
这个外星人长着一对翅膀。（双 √）

【不同】

1."对"可以用于"夫妻、恋人、耳环、花瓶、枕头、电池"等;"双"不能:

今天我们请来了几对夫妻。(双 ×)

王丽结婚,我打算送她一对花瓶。(双 ×)

2."双"可以用于"鞋、袜子、手、脚、腿、筷子"等,常说"双手、双脚、双腿、双眼、双耳、双肾"等;这时不能用"对":

小王有双灵巧的手。(对 ×)

黑皮鞋配一双白袜子,对比鲜明。(对 ×)

对 duì(介 with regard to,concerning to)
向 xiàng(介 to,towards)

【相同】

都是介词,引出动作行为的对象,组成"A对/向B……"的句式。在以下情况下经常互换:

1.放在具体的动作动词前,表示A对B做什么动作:

他只对我笑了笑,没说什么。(向 √)

王老师向我点了点头,让我继续说。(对 √)

2.放在某些言语行为动词前,表示A对B有什么言语行为:

我要对你说一声"谢谢"。(向 √)

你心里不高兴,怎么能对孩子发火呢?(向 √)

我们写了一封信向他表示感谢。(对 √)

【不同】

1."A对B"可以放在形容词或心理动词前,表示A对B的态度,还可以放在"有……"和"是……"的前面,表示A对B有什么作用或影响;"向"没有这样的用法:

校长对我们的工作很满意。(向×)
林大妈对谁都很热情。(向×)
林强做事比较马虎,我对他不太放心。(向×)
多吃蔬菜对身体有好处。(向×)
我没想到这张照片对他是那么重要。(向×)

2. "A对B"可以用在"进行……""做……"等短语前面;"向"没有这样的用法:

家长对孩子进行教育时要注意方式方法。(向×)
学校已经对这件事情做了处理。(向×)

3. "A向B"可以放在"借、要、请假、学习、请教、打听"等动词前,表示A从B那里得到什么;"对"没有这样的用法:

他上个月向我借了400块钱,现在还没还。(对×)
我忘了向他要名片了。(对×)
如果有事不能开会,要向老师请假。(对×)
刘伟做事认真仔细,你要好好向他学习。(对×)

4. "向"还可以表示动作的方向,后面带表示方向位置、处所的词;"对"没有这样的用法:

我看见他向北门方向走了。(对×)
老人向前走了几步,慢慢地坐了下来。(对×)
上课时,不要向窗外看。(对×)

多 duō(副 how, what, so;数 more, over;形 many, much)
多么 duōme(副 how, what, so)

【相同】

都是副词,做状语,修饰形容词、心理动词,强调程度高。"多"较多用于口语,"多么"较多用于书面语,常可互换:

1.都用于感叹句:
瞧,<u>多</u>美的樱花啊!(多么 √)
看到这一切,我心里<u>多</u>难受啊!(多么 √)
2.都用于非感叹句:
我不认为这件事有<u>多</u>重要。(多么 √)
我知道他现在<u>多么</u>难过。(多 √)

【不同】

1.在感叹句中,"多A"做谓语,前面不能有"是";"多么A"做谓语(A=形容词、心理动词),前面可以加"是":
春天的西湖<u>多</u>迷人哪!(多么 √)
春天的西湖是<u>多</u>迷人哪!(多 ×)

2."多"可以用在疑问句中询问数量,还可以用在数词后面表示概数;"多么"不能:
还要走<u>多</u>长时间才能到学校?(问数量。多么 ×)
他大概有四十<u>多</u>岁。(表概数。多么 ×)

多少 duōshao(代 how many, how much)
几 jǐ(代 how many, what time, several)

【相同】

都是疑问代词,用来询问数量,有时可以互换:
你们班有<u>多少</u>个同学是从非洲来的?(几 √)
这个学期总共有<u>几</u>门课程?(多少 √)

【不同】

1."多少"所指数量可大可小;"几"所指数量一般在10以内:
请问你们学校有<u>多少</u>位男生?(几 ×)
你们商场全年总共销售了<u>多少</u>台电脑?(几 ×)

2."多少"后面可以不带量词;"几"后面一般要带量词:

你到底有多少个女朋友?(几√)

你到底有多少女朋友?(几×)

3."多少"既可以指代具体的东西,也可指代抽象的事物,如"帮助、支持、关心、心血、精力"等;"几"一般只指代具体的东西:

他给过我多少关心和支持,你知道吗?(几×)

多少往事,此时一起涌上心头!(几×)

E

二èr(数 two second)　　　　两liǎng(数 two)

【相同】

都是数词,意思相同,有时可以互换:

两尺 两寸 两斤 两米 两人(二√)

二尺布可以给小孩做一条裤子。(两√)

他们昨晚喝了两斤白酒。(二√)

【不同】

1.常用数字中用法如下:

二 二十 二十万(两×)

两百 两百万(二√)

两千 两万 两千万(二×)

2.多位数中的个位数,还有序数、分数、小数中用"二":

一米六二 三百零二 五百三十二(个位数。两×)

他是第一,我是第二。(序数。两×)

我的收入只有她的三分之二。(分数。两×)
今年他的收入比去年增加了百分之十五点二。(小数。两×)
3. 在一般量词前用"两":
两小时 两天 两个星期 两个月 两年 两次 两回(二×)
两个人 两只鸡 两棵树 两张纸 两辆车 两本书(二×)
我们两个人每个月通两次电话。(二×)
他家门前有两棵树。(二×)
4. 指称某些成双成对的亲属或事物,用"两":
两姐妹 两兄弟 两夫妻 两姐弟(二×)
两半 两块 两岸 两边 两面(二×)
楼上这两夫妻经常吵架。(二×)
妈妈把一个苹果切成两半儿。(二×)

F

发现 fāxiàn(动 find, discover, notice;名 discovery)
看见 kànjiàn(动 see, catch sight of)

【相同】

都是动词,表示见到某人或某事,但意思有不同。"看见"强调"看"的结果,"发现"强调的是注意到事情的发生:

她没看见爸爸坐在第一排。(发现√)
有人发现他拿了我的课本。(看见√)

【不同】

1. "发现"强调通过观察、分析研究而知道,"发现"的多是原来不认识或没看到的人或事物,既用于具体的事物、情况,也用于抽象的事物、规律;"看见"强调通过眼睛见到人或事物,"看见"的一般是具体的、眼前的东西:

科学家<u>发现</u>许多动物也有自己的"语言"。(看见×)
回家后妈妈才<u>发现</u>手机弄丢了。(看见×)
站在我家阳台上可以<u>看见</u>广州电视塔。(发现×)
你<u>看见</u>张亮了吗?李老师找他。(发现×)

2. "发现"可以做名词;"看见"不能做名词:
上周的实验有什么新<u>发现</u>吗?(看见×)
这次考察有许多重要的<u>发现</u>。(看见×)

房间 fángjiān(名 room)　　房子 fángzi(名 house,building)

【相同】

都是名词,都指住的建筑物。但意思有不同,不能互换。

【不同】

1. "房间"是房子里面的一部分;"房子"由房间构成。有时互换后句子成立,但意思不同:

我的*房间*　大*房间*　小*房间*（房子√）
这就是李红的*房间*。（房子√）
张明的*房子*很干净、很漂亮。（房间√）

2. "房子"可以买卖,可以租,它的前面可以有"新、旧、老、高、矮、一座、一栋、一套"等词语;"房间"前面只能有"个":

新<u>房子</u>　旧<u>房子</u>　矮<u>房子</u>　买<u>房子</u>　一座<u>房子</u>　(房间×)
马科刚买了一套新<u>房子</u>。(房间×)
这是一座老<u>房子</u>,有100多年历史了。(房间×)

> 房子 fángzi（名 house, building）　　　家 jiā（名 home, family）

【相同】

都是名词,"房子"是一家人住的地方,也就是"家",有时可以互换:

张明的<u>家</u>很干净、很漂亮。(房子 √)

这就是李红的<u>房子</u>。(家 √)

【不同】

1. "房子"可以有几套几座;"家"指一家人常住的地方,只有一个。"家"主要指一个人所在的家庭,重点在"人":

我有三套<u>房子</u>,一套自己住,两套出租。(家 ×)

我<u>家</u>有四口人。(房子 ×)

2. "房子"只指居住的建筑物,可以买卖,前面可以有"新、旧、高、矮、一座、一栋、一套"等词语;"家"不能这样用:

旧<u>房子</u>　高<u>房子</u>　矮<u>房子</u>　买<u>房子</u>　一座<u>房子</u>　一套<u>房子</u>(家 ×)

我刚买了一套新<u>房子</u>。(家 ×)

3. "家"前面可以有表示人的定语,定语后面不加"的";"房子"不能这样用:

我<u>家</u>　你<u>家</u>　她们<u>家</u>　王林<u>家</u>　阿里<u>家</u>(房子 ×)

李静<u>家</u>住在珠江边。(房子 ×)

> 非常 fēicháng（副 very, extremely）　　　极 jí（副 extremely）

【相同】

都是副词,表示程度高,做状语修饰形容词或一些心理动词。"非

常"口语和书面语都用,"极"多用于书面语。经常可以互换:

非常好　非常坏　非常难　非常大　非常急　非常想(极√)
非常漂亮　非常聪明　非常高兴　非常激动　非常想念(极√)
终于登上了长城,阿里非常兴奋。(极√)
他经常迟到,老师对他极不满意。(非常√)

【不同】

1. "非常"可以重叠,修饰形容词,表示程度的加强;"极"不能重叠:

这部电影非常非常好看,我都看了四五遍了。(极√)
小红住在一间非常非常大的房子里。(极√)

2. "极"可以组成"极少"做状语,还可以组成"极个别、极少数"做定语;"非常"不能:

王丽很有时间观念,极少迟到。(非常×)
只有极少数同学没通过这次考试。(非常×)

3. "极"可以组成"极了",用在形容词后面做补语;"非常"不能:

好极了　累极了　快极了　冷极了　怕极了　困极了(非常×)
李芳的声音好听极了。(非常×)

肥 féi（形 fat, fertile）　　　胖 pàng（形 fat）

【相同】

都是形容词,形容人或动物脂肪过多。但所用范围不同,一般不互换。

【不同】

1. "肥"多用于动物,一般不用来形容人。如果形容人,通常带

贬义。"胖"多用于人,有时也可以用于小动物:

　　减肥　肥肉　肥猪　肥头大耳(胖×)

　　胖子　胖姑娘　胖儿子　胖乎乎(肥×)

　　你不胖,不用减肥。(肥×　胖×)

　　这肉有点肥,我不喜欢吃。(胖×)

　　电影中这个肥头大耳的男人,看样子不是好人。(胖×)

　　这小孩胖乎乎的,很可爱。(肥×)

　　2. "肥"还可以用来形容衣服又宽又大;"胖"不能:

　　这件衣服又肥又长,你穿不好看。(胖×)

　　她现在瘦了,以前的裤子都肥了,没办法穿。(胖×)

分 fēn(名 minute)　　分钟 fēnzhōng(名 minute)

【相同】

都是名词,都指时间,表示60秒,都可以受数词的修饰,有时可以互换:

　　一分钟等于六十秒。(分 √)

　　我用了三分零二十秒才跑完一千米。(分钟 √)

【不同】

1. "分"表示的是一个时点,跟在"~点"后面时只能用"分":

　　现在才七点十分。(时点。分钟×)

　　我们八点五十分上课。(时点。分钟×)

2. "分钟"表示一个时段,当后面没有秒数时,只能用"分钟":

　　他用了两分钟才游完一百米。(时段。分×)

　　对不起,我迟到了几分钟。(时段。分×)

G

> 高兴 gāoxìng（形 glad，happy；动 be happy to）
> 快乐 kuàilè（形 happy，joyful，cheerful）

【相同】

都是形容词，表示心情好、感到愉快；可以做谓语、状语、补语，都可以重叠。有时可以互换：

我们今天都很高兴。（快乐 √）

他高兴地笑了。（快乐 √）

这几天我们过得很快乐。（高兴 √）

我只希望大家能够快快乐乐地生活。（高高兴兴 √）

【不同】

1."高兴"一般是某一具体事情引起的，持续时间可能较短，常常表现在外表上；"快乐"主要表示心情和精神上感到舒适愉快，可以是短时间的，也可以持续较长时间，不一定表现在外表上，可以用于祝愿语中：

今天老师表扬了玛丽，她很高兴。（快乐 ×）

听说他们队赢了，他高兴得跳了起来。（快乐 ×）

容易满足的人生活会很快乐。（高兴 ×）

这段时间我们在广州过得很快乐。（高兴 ×）

祝你生日快乐！（高兴 ×）

2."快乐"可以在句中做主语或宾语；"高兴"没有这样的用法：

快乐是每个人都想得到的。（高兴 ×）

帮助别人是他最大的快乐。（高兴 ×）

3. "高兴"一般只做"事情、样子、日子、表情"等几个词的定语；"快乐"可以做定语，修饰的范围很广：

你看他那高兴的样子，一定是有好事。（快乐 √）

这真是一件让人高兴的事情。（快乐 √）

我在家乡度过了快乐的童年。（高兴 ×）

我们过了一个快乐的周末。（高兴 ×）

4. "高兴"有动词用法，常说"高兴高兴、高兴一下、高兴了半天"；"快乐"没有动词用法：

听了这个好消息，他高兴得掉下了眼泪。（快乐 ×）

你有什么好事说出来让大家高兴高兴。（快乐 ×）

个 gè（量 measure word for things or people）

位 wèi（量 measure word for people）

【相同】

都是量词，用于人。有时可以互换，但语气有不同。"位"表示尊敬、礼貌；"个"语气较随便：

车上共有35个乘客。（位 √）

那几位老师是从广州来的。（个 √）

【不同】

1. 在一些比较正式的场合或向不熟悉的谈话对象介绍人、事件时，多用"位"；"位"还可以用于当面称呼人，常说"各位、这位、几位"。"个"没有这样的用法：

我介绍一下，这位是张经理。（个 ×）

两位领导人进行了友好的交谈。（个 ×）

这位同学，请问去外语学院怎么走？（个 ×）

各位,现在我向大家宣布一个好消息。(个 ×)

2."个"可以用于自己,可以用于"人、男人、女人",可以用于晚辈,如"儿子、女儿、孙子、孙女、孩子"等;"位"一般不这样用:

我是一个教师,教数学的。(位 ×)

车上只有两个人。(位 ×)

3."个"的使用范围比"位"广,还可以用于事物;"位"只用于人:

一个车站　两个电影　三个西瓜　四个座位　五个苹果(位 ×)
两个消息　一个机会　几个办法　一个问题　两个习惯(位 ×)

给 gěi(介 for, to, forward)　　　为 wèi(介 for, about)

【相同】

都是介词,组成介词短语做状语。"给"口语和书面语都用,"为"多用于书面语。引出服务、帮助的对象时可以互换:

今天我们全班一起给玛丽亚过生日。(为 √)

姐姐经常给杰克洗衣服。(为 √)

请你为我做一件事,行吗?(给 √)

能为你服务,我很开心。(给 √)

【不同】

1.如果所引出的是接受的对象,即后面的宾语是给予这个对象的,用"给",不用"为":

老师给每个同学发了两张白纸。(为 ×)

圣诞节我给很多朋友寄了贺卡。("贺卡"是给"朋友"的。为 ×)

母亲节我给妈妈送了束鲜花。("鲜花"是给"妈妈"的。为 ×)

他给我打了个电话,说明天过来。("电话"是打给"我"的。为 ×)

2.如果所引出的是关心和注意的对象,动词是表示心理感情的,用"为",不用"给":

他一个月没跟家里联系了,家里人都为他担心。(给×)

看到小林得了冠军,我们都为他高兴。(给×)

我这是为你着想,为你着急。(给×)

3."给"还有"朝、向、对"的意思,还有动词用法,表示"给予"的意思;"为"没有这样的用法:

他给老师鞠了个躬,就走出去了。(为×)

林冰,你给大家说说这次会议的情况吧。(为×)

我给了他一本书,他给了我一支笔。(≈给予。为×)

他给过我很多帮助。(≈给予。为×)

4."为"可以表示目的或原因,相当于"为了"或"因为",后面的宾语是事物;"给"没有这样的用法:

我要为这个理想努力奋斗。(给×)

金明为解决这个问题,几天都没休息。(给×)

跟 gēn(介 together with,with,to,from;连 and)

和 hé(介 together with,with;连 and)

【相同】

都是介词和连词。"跟"多用于口语,"和"口语和书面语都用。以下情况可以互换:

1.做介词,都可以引进动作行为的参加者B,表示动作行为由主语A和参加者B共同完成:

暑假我(A)要跟父母(B)一起去旅游。(B是行为的参加者。和√)

我(A)喜欢和朋友(B)喝酒聊天。(B是行为的参加者。跟√)

2.做介词,都可以引进动作行为的接受对象B,表示主语A对对象B做了什么;或者用来引进比较的对象B,表示主语A和对象B相比较:

希望你(A)能勇敢地跟疾病(B)作斗争。(B是行为的接受对象。和√)

他(A)已经跟父母(B)谈了自己的想法。(B是行为的接受对象。和√)

他的观点(A)跟大家(B)不同。(B是比较对象。和√)

和写诗(A)相比,写小说(B)需要更多的生活经验。(B是比较对象。跟√)

3.做介词,都可以引进与主语A有关系的另一方B,表示A、B之间有某种关系:

我(A)跟她(B)只是同事,你千万别误会。(和√)

我(A)和周伟(B)既是同学又是同乡,关系非常好。(跟√)

4.做连词,都可以连接名词、代词、名词短语,表示平等的并列关系:

老师跟学生都参加了这次讨论。(和√)

参加会议的还有日本、韩国和马来西亚。(跟√)

【不同】

1.做介词时,"跟"可以引进索取的对象,表示A从B那里得到什么,相当于"向";"和"没有这样的用法:

我(A)想跟你(B)借一本书,行吗?(≈向。和×)

你放心,我(A)已经跟他(B)要了电话号码。(≈向。和×)

我(A)想跟你(B)打听件事儿,可以吗?(≈向。和×)

2.做连词时,"和"可以连接双音节动词,组成短语做谓语;"跟"一般不这么用:

史密斯先生多年来一直翻译和研究《红楼梦》。(跟×)

你们必须深入地调查和研究这个问题。(跟×)

> 跟……一样 gēn... yīyàng (be the same as...)
> 像……一样 xiàng... yīyàng (be the same as...)

【相同】

都表示两个人或事物相同或者相似。有时可以互换：

这几天气温很高，跟夏天一样。（像……一样 √）

他就跟机器一样没日没夜地不停工作。（像……一样 √）

她的脸红红的，像苹果一样。（跟……一样 √）

这块面包硬得简直像石头一样。（跟……一样 √）

【不同】

1. "A跟B一样"主要表示A和B在某方面相同，A、B多是同一类事物，也可以是不同类的事物；"A像B一样"主要表示A和B在某方面相似，A、B是不同类的事物，常常有夸张的色彩：

哈里（A）跟杰克（B）一样大。（同类。像……一样 ×）

这个苹果（A）简直像西瓜（B）一样大。（不同类。跟……一样 √）

我的想法（A）跟你的（B）一样。（同类。像……一样 ×）

他的心（A）像金子（B）一样。（不同类。跟……一样 √）

2. "A跟B一样"可以用在前一分句，后一分句是"也/都……"；"A像B一样"一般不这么用：

他跟我一样，也是留学生。（像……一样 ×）

小鸭跟小鸡一样，都喜欢吃虫。（像……一样 ×）

3. "跟……一样"中，"一样"的前面可以有"不、完全"；"像……一样"不这么用：

我的书包跟你的书包不一样。（像……一样 ×）

他的看法跟你的看法完全一样。（像……一样 ×）

> 更 gèng（副 even more）　　　还 hái（副 even more，still）

【相同】

都是副词，做状语，表示程度增加，都可以用在"A比B……"的句式中，经常可以互换：

这朵花比那朵更鲜艳。（还 √）

阿里写的汉字比约翰写的还好。（更 √）

【不同】

1. "更"和"还"所修饰的谓语后边都可以有数量词语。"更"后面的数量词语只能是表示不确定数量的词语"一些、一点儿"；"还"后面的数量词语可以是确定数量，也可以是"一些、一点儿、几斤、几岁"等不确定数量：

这一包比那一包还重10斤。（更 ×）

你爸爸比我还年轻几岁呢。（更 ×）

我家比他家更远一些。（还 √）

阿里比我来得更早一点儿。（还 √）

2. 表示比较时，"还"通常要用在"A比B……"的句式中，"更"还可以用在其他句式中：

希望你这次取得更好的成绩。（还 ×）

和我比起来，你的速度更快。（还 ×）

我觉得桂林更好玩。（还 ×）

3. "还"可以用于不同类事物的比较，表示夸张；"更"没有这样的用法：

陈刚走得简直比蜗牛还慢。（更 ×）

小王比竹竿还瘦。（更 ×）

> 关心 guānxīn（动 care for, be concerned with）.
> 照顾 zhàogù（动 look after, care for, give consideration to）

【相同】

都是动词，都有爱护、帮助的意思，对象都可以是人，但意思有不同。"关心"强调的是重视、爱护、常记在心里；"照顾"强调的是用实际行动帮助别人：

你是哥哥，应该关心弟弟。（照顾 √）
同学之间应该互相照顾。（关心 √）

【不同】

1. "关心"的可以是人，也可以是事情；"照顾"的对象是人。语义明确时，不可互换：

你们从来都不关心我想什么，要什么。（照顾 ×）
老校长非常关心同学们的学习和生活。（照顾 ×）
母亲很关心儿子的婚姻大事。（照顾 ×）
小时候，父母工作很忙，主要是奶奶在家照顾我。（关心 ×）
病人出院时，对医生和护士的照顾表示感谢。（关心 ×）

2. "照顾"有考虑到某个方面的意思，后面常出现抽象名词，如"利益、情况、困难、需求"等；"关心"没有这样的用法：

在这件事情上，我们没有照顾到小王的利益。（关心 ×）
老师在上课时，要照顾到不同学生的语言水平。（关心 ×）

> 国 guó（名 country, nation, state）
> 国家 guójiā（名 country, nation, state）

【相同】

都是名词，意思相同，但用法不同，很少能互换。

【不同】

1. "国"常常用于具体国家的名字;"国家"则不用于具体某个国家,但可以用于某一类国家:

中国 法国 美国 英国(国家×)

发达国家 发展中国家 亚洲国家 西方国家(国×)

2. "国"一般受单音节词语修饰,有时也可以受双音节词修饰;"国家"一般受双音节或多音节词语修饰。"国家"的前面可以有"的";"国"不能:

大国 小国 富国 穷国 强国 弱国(国家×)

会员国 成员国 战败国(国家√)

美丽的国家 富裕的国家 贫穷的国家 伟大的国家(国×)

美国、德国、日本都是经济大国。(国家×)

无论富国还是穷国,都应该为保护环境而努力。(国家×)

这是一个美丽的国家,更是一个伟大的国家。(国×)

中国是一个历史悠久的国家。(国×)

3. "国"和"国家"都可以做定语修饰名词,但"国"一般修饰单音节名词,"国家"修饰双音节或多音节名词:

国旗 国歌 国民 国内 国外(国家×)

国家形象 国家利益 国家机关 国家图书馆(国×)

你会唱国歌吗?(国家×)

大熊猫是中国的国宝。(国家×)

你知道国家图书馆的开放时间吗?(国×)

你不能因个人利益而损害国家利益。(国×)

4. "国"和"国家"都可以做动词的宾语,但"国"常常做单音节动词的宾语,"国家"一般做双音节动词的宾语:

上个月我刚出了一趟国。(国家×)

你打算什么时候回国?(国家×)

他将代表自己的国家参加奥运会。(国×)

政府需要依法管理国家。(国×)

国外 guówài(名 external, overseas, abroad)
外国 wàiguó(名 foreign country)

【相同】
都是名词,指本国以外的地方,经常可以互换:
我想明年去<u>国外</u>旅游。(外国 √)
<u>外国</u>的生活你习惯吗?(国外 √)

【不同】
1."国外"强调的是"地方",是自己国家以外的地方,和"国内"相对;"外国"强调的是"国家",是除了自己国家以外的其他国家:
<u>国外</u>的朋友(在本国以外的地方居住的朋友,不一定是外国人)
<u>外国</u>的朋友(非本国的朋友,是外国人)
这部电影无论在国内还是<u>国外</u>都很受欢迎。(外国 ×)
这本书介绍了中国与<u>外国</u>的一些文化差异。(国外 ×)

2.做定语时,"国外"后面一般要有"的";"外国"常直接用在别的名词前,可以不要"的":
<u>外国</u>人 <u>外国</u>语 <u>外国</u>留学生 <u>外国</u>朋友 <u>外国</u>公司(国外 ×)
<u>国外</u>的朋友 <u>国外</u>的美食 <u>国外</u>的新闻 <u>国外</u>的电影(外国 √)
我的同屋是一名<u>外国</u>人,他是去年来中国的。(国外 ×)
我想请教如何申请<u>国外</u>的大学。(外国 √)

~过来 guòlái(动 come over)　　~过去 guòqù(动 go over)

【相同】
都是趋向动词,用在谓语动词后面,表示状态的变化。但意思和用法都不同,不能互换。

【不同】

1."过来"常用在"改、醒"等动词之后,表示从不正常状态恢复到正常状态,动词和"过来"之间可以有"得、不";"过去"常用在"昏、晕、死"等动词之后,表示失去正常状态,动词和"过去"之间不能加"得、不":

改过来　变过来　醒过来　活过来　救过来　改变过来(过去×)
清醒过来　明白过来　调整过来　反应过来　恢复过来(过去×)
改得过来　改不过来　恢复得过来　恢复不过来(过去×)
昏过去　晕过去　睡过去　死过去　昏迷过去(过来×)
这个字他总是写错,说了几次还没改过来。(过去×)
刚到这里他很不习惯,一个星期才调整过来。(过去×)
她昏过去了,快送她去医院!(过来×)
他醒了一会儿,又睡过去了。(过来×)

2."过来"可与"忙、管、算、数、照顾"等动词搭配,组成"V得过来、V不过来",表示有或没有能力完成;"过去"不能:

忙得过来　管得过来　算得过来　照顾得过来(过去×)
忙不过来　管不过来　算不过来　照顾不过来(过去×)
放心吧,这几个月的账我一个人算得过来。(过去×)
今天是开学第一天,张老师快忙不过来了。(过去×)

3."过去"可以用在"骗、瞒、混"等动词之后,表示行为通过、完成,动词和"过去"之间可以有"得、不",表示能否通过、完成;"过来"不能:

骗过去　瞒过去　混过去(过来√)
骗得过去　瞒得过去　混得过去(过来√)
骗不过去　瞒不过去(过来×)
还好你把他骗过去了,不然不知道还有什么麻烦。(过来×)
说不定他已经看到那封信了,你很难瞒过去的。(过来×)

> 过去 guòqù（名 past, former）　　　以前 yǐqián（名 before, ago）

【相同】

都是时间名词，指已经过去的时间。句中如果没有"现在、将来、未来"等词语时，可以互换：

<u>过去</u>，这里很热闹。（以前 √）
<u>以前</u>的事就别再提了。（过去 √）
妈妈的身体比<u>以前</u>差多了。（过去 √）

【不同】

1. "过去"所指的时间一般离现在较远，可以单独做主语、宾语，可以与"现在、将来"对比，此时不能用"以前"；"以前"一般离现在较近，多用于规律性、习惯性的行为，常与"今天、最近"对比，此时不能用"过去"：

<u>过去</u>是回忆，未来是希望。（做主语。以前 ×）
对他来说，<u>过去</u>是一场恶梦。（做主语。以前 ×）
<u>以前</u>这个时候她早就来了，今天怎么没来？（过去 ×）
今天肖林起床比<u>以前</u>早。（过去 ×）

2. "以前"可以用在词语之后；"过去"不能：

三天<u>以前</u>　一年<u>以前</u>　毕业<u>以前</u>　来中国<u>以前</u>（过去 ×）
六年<u>以前</u>我去过一次西藏。（过去 ×）
来中国<u>以前</u>我已经学过一年汉语。（过去 ×）

> 过 guo（助 used to indicate a past experience or completion）
> 了 le（助 uesd to show completion or change）

【相同】

都是助词，用在动词或形容词后边，表示行为或状态已经完成。

以下情况经常可以互换：

1. 动词后面有表示时间或次数的数量词语：

我朋友在东北读了四年大学，对那个地方比较了解。（过 √）

她学习很努力，这个学期只请了两天假。（过 √）

那个地方你已经去过三次，怎么还想去？（了 √）

我曾经在那个城市生活过三年。（了 √）

2. "V 了/过"用在另一个动词短语的前面（V=动词）：

张华刚才来了又走了。（过 √）

等班长问了老师再决定吧。（过 √）

听李梅说她吃过晚饭就去。（了 √）

去过桂林才知道那里的山水有多美。（了 √）

【不同】

1. "了"只表示动作行为已经完成或状态已经实现；"过"强调的是一种经历，主要表示行为、状态已经过去。如果动词前有"曾经、以前"，动词后没有表示次数的数量词语，此时只能用"过"，不能用"了"：

昨天我去了北海公园，还去了故宫。（"去"已经完成。）

以前我去过北海公园。（有这样的经历。）

他看起来更年轻了。（状态已经实现。）

我们曾经年轻过。（状态已经过去。）

我曾经去过桂林。（动词后没有数量词语。了 ×）

我曾经去过三次桂林。（动词后有数量词语。了 √）

2. "V 了"表示行为已经发生，现在还可能继续；"V 过"强调行为已经结束。动词 V 前面有"已经"时，如果动词后有表示次数的数量短语，"了"和"过"都可以用；如果动词后的数量短语是表示时间段的，只能用"了"，不用"过"：

去年，他去了广州。（现在可能还在广州。）

去年，他去过广州。（现在没在广州。）

他已经去了两次上海。（过 ✓）
他已经在上海住了两年。（过 ×）
这篇文章他已经看了三遍。（过 ✓）
这篇文章他已经看了三个多小时。（过 ×）

3. "了"可以用在还未完成或出现的行为中；"过"很少这样用：
明天你到了北京就赶快去找阿里。（过 ×）
明天这个时候我就到了北京。（过 ×）
等你走了我再去。（过 ×）

4. "V了"的否定形式是"没/没有V"；"V过"的否定形式是"没/没有V过"：
去了——没去/没有去　吃了——没吃/没有吃
看过——没看过/没有看过　学过——没学过/没有学过
你跟他说了吗？——没说。/没有说。
你跟他说过吗？——没说过。

H

还是 háishi（连 or）　　或者 huòzhě（连 or）

【相同】
都是连词，表示选择关系。但用法不同，不能互换。

【不同】
1. "还是"用在疑问句或者间接疑问句中表示选择；"或者"不能：
你喜欢这件绿色的还是橙色的？（或者 ×）
他到底去还是不去？（或者 ×）

我不知道他是今天来还是明天来。(或者 ×)

2. "或者"用在陈述句中表示选择,可以两个以上的"或者……"并列;"还是"不能:

或者去,或者不去,你赶快决定。(还是 ×)

王丽或者张梅去做这件事都可以。(还是 ×)

他们经常一起出去玩儿,或者爬山,或者游泳,或者打球。(还是 ×)

孩子 háizi(名 child,son or daughter)
小孩儿 xiǎoháir(名 child)

【相同】

都是名词,指年龄比较小的未成年人。有时可以互换:

我很喜欢小孩儿。(孩子 √)

这几个孩子都很聪明。(小孩儿 √)

小孩儿,别哭了!(孩子 √)

【不同】

1. "孩子"可以受"男、女、大、小、好、坏"等形容词修饰;"小孩儿"不能:

男孩子　女孩子　大孩子　小孩子　好孩子　坏孩子(小孩儿 ×)

女孩子的心理特点跟男孩子有些不同。(小孩儿 ×)

亮亮毕竟还是个小孩子,不懂事。(小孩儿 ×)

2. "孩子"可以用于称呼和自己子女差不多大的青少年,有亲热的语气;"小孩儿"不能。可以说"孩子们",不能说"小孩儿们":

奶奶拉着小伙子的手说:"孩子,太谢谢你了。"(小孩儿 ×)

孩子们,咱们来做个游戏吧!(小孩儿 ×)

3. "孩子"和"小孩儿"都可以指儿女,但"小孩儿"只指年龄

小的子女,"孩子"不受年龄限制:

这是你的小孩儿?几岁了?(孩子√)

老人的孩子都40多岁了。(小孩儿×)

害怕 hàipà(动 be afraid of, be scared of)
怕 pà(动 fear, be afraid of;副 perhaps)

【相同】

1.意思差不多,表示人或动物遇到困难、危险而心中惊慌不安时可以互换:

天越来越黑,路上一个人也没有,她心里害怕极了。(怕√)

说老实话,当时你害怕不害怕?(怕√)

玛丽特别怕老鼠。(害怕√)

这只老鼠见到猫怎么一点儿也不怕?(害怕√)

2.表示"担心"的意思,但"怕"比"害怕"用得多:

我怕小李没经验,处理不好这件事。(害怕√)

老师怕我们不明白,又解释了一遍。(害怕√)

【不同】

1."害怕"只用于人或动物;"怕"可以用于事物,有"承受不住、受不了"的意思:

怕光 怕酸 怕辣 怕水 怕太阳 怕虫 怕晒(害怕×)

这种花特别怕太阳。(害怕×)

现在牙齿不行了,既怕酸,又怕甜。(害怕×)

2."怕"可以表示估计;"害怕"没有这样的用法:

这么大的雨,他怕是来不了了。(害怕×)

这箱苹果怕有30斤吧?(害怕×)

> ~ 好 hǎo（形 used after a verb to indicate completion of a particular action, finished, completed）
> ~ 完 wán（动 used after a verb to indicate completion of a particular action, finish）

【相同】

都用在动词后，表示动作完成，意思基本相同，有时可以互换：

洗好　填好　做好　办好　算好　写好　画好　收拾好（完√）

我做好作业就来。（完√）

我刚炒完菜你就回来了。（好√）

【不同】

1.有时"V+好"和"V+完"可以互换，但意思有不同。"V+好"不仅表示动作的完成、结束，还表示动作结果达到完善的程度，令人满意；"V+完"一般只单纯地表示动作的完成或结束：

吃好　喝好　说好　商量好（完√）

你吃好了吗？（吃得怎么样，满意不满意？）

你吃完了吗？（吃饭结束了吗？）

这件事我还没跟他说好呢。（没商量好，没有结果。）

这件事我还没跟他说完呢。（"说"没有结果。）

2.有些动词之后只能用"V+完"，表示动作行为完成、结束，或东西用尽，没有剩余：

开完会　用完　花完　打完电话　卖完（好×）

他们已经开完会了。（好×）

我带的钱早就花完了。（好×）

3.有些动词之后只能用"V+好"，表示行为完成得好：

准备好　治好　关好　管好　想好　睡好（完×）

他的病早就治好了。（完×）

你要先准备好签证需要的材料。（完×）

> 好不容易 hǎo bù róngyì（副 with great difficulty；形 very difficult）
> 好容易 hǎo róngyì（副 not without great difficulty；形 so easy）

【相同】

都可以做状语，表示做某事很难，不容易，常可互换，后面多有"才"：

想了大半天，<u>好不容易</u>才把答案想出来。（好容易 √）
我<u>好容易</u>才挤上公共汽车。（好不容易 √）

【不同】

1. 都可以做谓语，有感叹的语气，但意思相反。"好不容易"表示"不容易、很难"；"好容易"表示"很容易"：

阿里终于赢了那个对手，<u>好不容易</u>啊！（≈不容易。好容易 ×）
把房间布置得这么漂亮，<u>好不容易</u>啊！（≈不容易。好容易 ×）
这道题<u>好容易</u>啊，你怎么能不会呢！（≈很容易。好不容易 ×）
今天的听力考试<u>好容易</u>，我都做对了。（≈很容易。好不容易 ×）

2. "好不容易"做补语时表示"不容易"；"好容易"做补语时表示"很容易"：

这场球赢得<u>好不容易</u>，差点儿就输了。（≈不容易。好容易 ×）
红队这场球赢得<u>好容易</u>，蓝队水平太差。（≈很容易。好不容易 ×）
他说得<u>好容易</u>，让他自己试试。（≈很容易。好不容易 ×）

> 好看 hǎokàn（形 good-looking, nice）
> 漂亮 piàoliang（形 good-looking, pretty, fabulous）

【相同】

都是形容词，表示让人看了很舒服。"好看"多用于口语，"漂亮"

书面语和口语都用。都可以用来形容人，都有外形可爱、小巧、精致的意思，常形容人的动作，以及体积、规模较小的事物，还可以形容动物：

这小姑娘长得真<u>好看</u>。（漂亮 √）

这套家具的式样挺<u>漂亮</u>的。（好看 √）

安娜养了一只非常<u>漂亮</u>的白猫。（好看 √）

【不同】

1. 形容风景、城市一般用"漂亮"，不用"好看"：

香山秋天的景色很<u>漂亮</u>。（好看 ×）

这是一个<u>漂亮</u>的江南小城。（好看 ×）

2. "好看"可指内容有意义、吸引人；"漂亮"没有这样的用法：

我认为这个电视剧并不<u>好看</u>。（漂亮 ×）

大家都觉得这场表演很<u>好看</u>。（漂亮 ×）

3. "漂亮"可以形容某件事做得非常好、精彩、出色，常做补语；"好看"没有这样的用法：

这事儿做得太<u>漂亮</u>了！（好看 ×）

玛丽的汉语说得很<u>漂亮</u>。（好看 ×）

4. "漂亮"可以重叠；"好看"不能重叠：

姐姐打扮得<u>漂漂亮亮</u>，一早就出门了。（好看 ×）

很 hěn（副 very, quite）　　真 zhēn（副 really, indeed）

【相同】

都是副词，做状语，用在形容词前，表示程度很高。有时可以互换，但有不同。"很"主要用于客观叙述，一般用在陈述句中；"真"带有较强的感情色彩，一般用在感叹句中：

天气<u>很</u>热，热得人难受。（真 √）

今天天气<u>真</u>好。（很 √）

【不同】

1. "很+形容词"可以做定语、状语;"真+形容词"没有这样的用法:

我家有一只很漂亮的小花猫。(定语。真 ×)

很贵的东西我买不起。(定语。真 ×)

他很晚才来到电影院。(状语。真 ×)

他拿着书,很高兴地走了。(状语。真 ×)

2. "很+形容词"的前面可以有"的确、确实、真的"等表示强调的词语;"真+形容词"不能:

我今天真的很忙。(真 ×)

这里的东西的确很便宜。(真 ×)

J

极 jí(副 extremely)　　　最 zuì(副 most or least)

【相同】

都是副词,表示程度最高,都可以修饰形容词或心理动词。"极"多用于书面语,"最"口语和书面语都用。常可互换,但意思有不同。"极"是没有比较的,表示绝对程度;"最"是在一定范围内有比较的,表示相对程度:

我极想知道他是什么态度。(最 √)

阿曼的汉字写得最漂亮。(极 √)

【不同】

1. "最"可以用在表示比较的句子里;"极"不能:

他们这几个人中,王强是最认真的。(极 ×)

跟那几家饭店比,这家饭店的服务是最好的。(极 ×)

我们几个人中最爱笑的是刘丽。(极×)

在北京、上海和广州这三大城市中，我最喜欢广州。(极×)

2. "最"可以修饰"大、小、多、少、高、低、重、轻、快、慢、早、晚"等形容词，放在表示数量或时间的短语前面；"极"不能：

我们班的同学最大的51岁，最小的18岁。(极×)

这些东西寄到北京最快也要两天。(极×)

我明天去香港，最晚周六回。(极×)

3. "最"可以修饰表示方向、位置的词；"极"不能。"最"字短语可以做主语的定语；"极"字短语不能：

最前面 最后面 最左边 最右边 最东边 最南边（极×）

最左边那个人是我的哥哥。(极×)

你最高，就站在最后面吧。(极×)

最难的题你做都做对了，真厉害！(主语的定语。极×)

他得了第一，现在最高兴的人就是他了。(主语的定语。极×)

4. "极"可以用在形容词或表示心理的词语之后做补语，后边要有语气词"了"；"最"不能：

好极了 坏极了 累极了 饿极了 渴极了 热极了（最×）

漂亮极了 可爱极了 干净极了 好吃极了 简单极了（最×）

爱极了 恨极了 高兴极了 满意极了 喜欢极了（最×）

今天忙了一天，累极了。(最×)

听到这个消息，方明兴奋极了。(最×)

急 jí（形 anxious；动 worry）　　着急 zháojí（形 anxious；动 worry）

【相同】

都是形容词，形容人想要马上达到目的而心情急躁不安。都可以做谓语，有时可以互换：

很急　别急　急得不得了　急得很　急死了　急坏了（着急√）

李老师为这事急得不得了。（着急√）

别着急，慢慢说。（急√）

【不同】

1."急"可以形容人的性格脾气急躁、容易发火，也可以形容事物发生得快而猛；"着急"不能：

刘明性子急，经常发火。（形容性格。着急×）

他的脾气没以前那么急了。（形容脾气。着急×）

这时候雨又急风又大，不能出去。（形容事物。着急×）

这件事很急，要赶快办！（形容事物。着急×）

2."急"做定语多修饰单音节词，只修饰少数几个双音节词，后面不带"的"；"着急"做定语只修饰双音节词，后面要带"的"。"急"常用在动词后做补语；"着急"不能：

着急的样子　着急的神情　着急的语气（定语。急×）

急事　急病　急雨　急脾气　急性子（定语。着急×）

看你这着急的样子，出了什么事？（急×）

我有急事，先走了！（着急×）

等急了　逼急了　走得急　吃得急　喝得急（补语。着急×）

等了这么久，等急了吧？（着急×）

他走得急，来不及去跟你告别。（着急×）

酒要慢慢喝，不能喝得太急。（着急×）

3."急"可以组成"急着"，用在动词前；"着急"一般不这么用。"着急"可以组成"着急地"，用在动词前；"急"不这么用：

玛丽急着去上课，连早饭也没吃。（着急×）

你别急着吃，先喝点儿水。（着急×）

杰西着急地对我说："快点吧，不然就迟到了！"（急×）

他一看见我，就着急地问："出什么事了？"（急×）

4.在有些结构中，只能用"急"；在有的结构中，只能用"着急"：

真急人　急疯了　急于　过急（着急×）
令人着急　为他着急　正在着急　爱着急（急×）
着急上火　着急害怕　着急生气（急×）

记得 jìde（动 remember, keep in memory）
记住 jìzhù（动 remember, bear in mind）

【相同】

都是动词，表示记在心里，提醒别人不要忘记的时候，可以互换：

大家要记得明天早上集合的时间。（记住 √）

明天考试要记住带护照。（记得 √）

【不同】

1．"记得"强调对过去发生的事情没有忘记，可以想起来；"记住"强调把事情记在心里，不忘记：

他还记得老师的电话号码。（记住 ×）

我已经记住了老师的电话号码。（记得 ×）

我还记得他说过的每一句话。（记住 ×）

上个星期学习的生词我都已经记住了。（记得 ×）

2．"记得"前面用"不"表否定；"记住"前面用"没/没有"表否定：

我不记得他的名字。（记住 ×）

我没记住他的名字。（记得 ×）

大卫不记得自己的护照号。（记住 ×）

大卫没记住自己的护照号。（记得 ×）

3．"记住"中间可以加"得"；"记得"不能：

这个密码很长，你记得住吗？（记得 ×）

这么多生词，你一个晚上能记得住吗？（记得 ×）

4. "记得"和"记住"中间都可以加"不",但"记不得"表示因为过去的时间太长而没办法想起来,"记不住"表示因为太多、太难或者时间太紧而没有办法记住:

这是很久以前的事情,我已经<u>记不得</u>了。(记不住 ×)
那个语法是上学期学的,我现在<u>记不得</u>了。(记不住 ×)
这篇文章太长了,我看了几遍还是<u>记不住</u>。(记不得 ×)
短短一天的复习时间,我<u>记不住</u>这么多内容。(记不得 ×)

简单 jiǎndān(形 simple, uncomplicated)
容易 róngyì(形 easy)

【相同】

都是形容词,做谓语,表示不难,不费力。有时可以互换,但意思有差别。"简单"主要强调不复杂;"容易"主要强调不难:

说起来<u>简单</u>,做起来难。(容易 √)
这个问题解决起来比较<u>容易</u>。(简单 √)

【不同】

1. "简单"强调内容少、不复杂,常做定语,形容"方法、原因、情况、材料、结构、道理"等,还可以形容"人、思想、生活"等,做状语时常修饰"说明、介绍、解释、了解、吃、做、写"等动词,后面可以出现"地":

你能不能用最<u>简单</u>的方法来做这件事?(容易 ×)
小李是个头脑<u>简单</u>的人,怎么想就怎么说。(容易 ×)
我喜欢<u>简单</u>的生活,不要太复杂。(容易 ×)
张先生,你去那里<u>简单</u>地了解一下情况吧。(容易 ×)
马力给大家<u>简单</u>介绍了这里的情况。(容易 ×)

2. "容易"强调不难,一般形容内容的深浅或事情的难易程度,

常修饰"理解、掌握、学、懂"等动词做状语,后面不出现"地":

容易学　容易做　容易懂　容易解决　容易理解(简单×)

这个问题很容易理解。(简单×)

那篇文章不容易懂。(简单×)

3. "容易"可以表示发生某种情况的可能性大,做状语;"简单"没有这样的用法:

容易感冒　容易发胖　容易摔倒　容易受骗(简单×)

春天气候变化大,很容易感冒。(简单×)

下雪路滑,容易摔倒。(简单×)

4. "不简单"有时表示"不平凡、了不起"的意思;"不容易"表示"很难":

你又得了第一,真不简单!(≈了不起)

你又得了第一,真不容易!(≈很难)

见 jiàn(动 see, catch sight of, meet)

见面 jiànmiàn(动 meet, see)

【相同】

都是动词,表示双方互相看到,后面没有宾语时常可互换:

他们有好多年没见了。(见面√)

下次咱们什么时候才能见呀?(见面√)

下午三点我们在校门口见面。(见√)

【不同】

1. "见"可以带宾语,后面可以带"了、过、到";"见面"不能带宾语,不能带"了、过、到":

下午我要去见一个老朋友。(见面×)

去年在上海见了他一次。(见面×)

这个小姑娘从来没见过大海。(见面 ×)

小白说刚才见到刘老师了。(见面 ×)

2. "见面"常用于"跟/和……见面"句式,中间可以放进别的词语,如"见过面、见您一面、见一次面",还可以重叠为"见见面":

见过面　见了面　见见面　见一面　见了他一面(见 ×)

下午他要去跟一个老朋友见面。(见 ×)

我们好像在哪儿见过面。(见 ×)

虽然我们在一个城市,但见一次面也不容易。(见 ×)

3. "见面"可以做定语;"见"不能。口语中和别人打招呼或告别时常用"见";"见面"不这么用:

可惜这次见面的时间太短了,来不及细说。(定语。见 ×)

我们见面的机会越来越少了。(定语。见 ×)

明天见　下午见　好久不见　几天不见　多日不见(见面 ×)

讲 jiǎng (动 speak, tell, explain)
说 shuō (动 speak, talk, say)

【相同】

都是动词,可以表示用语言表达自己的意思,还有解释、说明的意思。都可以重叠。经常可以互换:

时间不多了,我只讲五分钟。(说 √)

我希望自己讲汉语能跟中国人讲得一样好。(说 √)

他说了半天,我也没听明白。(讲 √)

我没听懂,你再给我说说吧。(讲讲 √)

【不同】

1. "讲"可以表示教知识或课程;"说"没有这样的用法:

下节课我再给大家讲语法。(说×)
她虽然很年轻,但课讲讲得很好。(说×)
这个学期张老师给我们讲"中国文化"。(说×)

2. "说"可以表示责备、批评,还可以用来引出别人的话;"讲"没有这样的用法:

这孩子太没礼貌了,得说说他。(讲讲×)
别说他了,他知道自己错了。(讲×)
陈强说他下午有事来不了。(讲×)
李梅说:"我不知道。"(讲×)

讲话 jiǎnghuà(动 speak, address;名 speech, talk)
说话 shuōhuà(动 speak, say)

【相同】

都是动词,表示用语言表达或人和人用语言交谈,中间都可以插入一些词语。常常可以互换:

等我一会儿,我过去跟她讲几句话。(说话√)
不要在电梯里大声讲话。(说话√)
他俩上课时很喜欢说话。(讲话√)
跟别人说话时,眼睛要看着对方。(讲话√)

【不同】

1.在正式的场合讲重要的事情、问题,用"讲话"不用"说话":

今天校长要在大会上讲话。(说话×)
下面请教师代表讲话,大家欢迎。(说话×)

2. "讲话"还有名词用法,指用说话的方式发表的意见,多用于正式场合;"说话"没有这样的用法:

发表讲话　重要讲话　他的讲话(说话×)

大会结束后，我们要分组讨论刚才校长的讲话。（说话 ×）
他的讲话很精彩，得到了热烈的掌声。（说话 ×）

> 叫 jiào（动 ask, order；介 by）
> 让 ràng（动 let, make, allow；介 by）
> 使 shǐ（动 make, cause, enable）

【相同】
　　都是动词，都用于"A 叫/让/使 B……"的句式中，意思是 A 造成了 B 的某种状态或行为。"叫"用于口语，"让"用于口语和书面语，"使"用于书面语。有时可以互换：
　　许青的表现（A）叫大家（B）很满意。（让 √　使 √）
　　儿子的话让妈妈大吃一惊。（叫 √　使 √）
　　他的行为使我们很失望。（叫 √　让 √）

【不同】
　　1. 在表示请求、要求、命令时，只能用"叫、让"，不能用"使"：
　　老师叫大卫回答问题。（让 √　使 ×）
　　校长让老师们发表不同意见。（叫 √　使 ×）
　　他让我等他一会儿。（叫 √　使 ×）
　　2. "叫、让"还有介词的用法，表示被动，相当于"被"；"使"没有这样的用法：
　　昨天，麦克叫狗咬了一口。（让 √　使 ×）
　　我的一件衣服让风给吹走了。（叫 √　使 ×）
　　3. 后面的 B 不是人的时候，用"让、使"，一般不能用"叫"：
　　这种洗衣粉能让衣服（B）更干净更柔软。（使 √　叫 ×）
　　这种新技术使水稻的产量（B）大大增加。（让 √　叫 ×）

教师 jiàoshī（名 teacher） 　　　老师 lǎoshī（名 teacher）

【相同】

都是名词，指从事教学工作的人员，"老师"比"教师"更口语化。有时可以互换：

我们学校有七十多名<u>教师</u>。（老师 √）

张亮的妈妈是一位大学<u>教师</u>。（老师 √）

孩子们都喜欢漂亮的女<u>老师</u>。（教师 √）

这篇文章介绍的是汉语<u>老师</u>在美国教中文的生活。（教师 √）

【不同】

1. "老师"是一种尊敬的称呼，有时并不一定是真正的教育工作者，可以指某方面值得学习的人或能让人懂得道理和知识的事物；"教师"强调的是一种职业，只能是真正从事教学工作的人：

父母是孩子的第一位<u>老师</u>。（教师 ×）

你让我懂得了什么是真正的快乐，你才是我的<u>老师</u>。（教师 ×）

生活是最好的<u>老师</u>，教会我们一切。（教师 ×）

<u>教师</u>节　<u>教师</u>资格证　优秀<u>教师</u>　高级<u>教师</u>　家庭<u>教师</u>（老师 ×）

我想考<u>教师</u>资格证，不知道该怎么准备。（老师 ×）

中国的<u>教师</u>节是9月10日。（老师 ×）

2. "老师"可以用来当面称呼或指说第三者，前面还可以加姓名；"教师"不能：

<u>老师</u>，早上好！（教师 ×）

听<u>老师</u>说明天数学考试。（教师 ×）

张<u>老师</u>，我有个问题想请教您。（教师 ×）

这位是李燕<u>老师</u>，她教我们口语。（教师 ×）

> 教室 jiàoshì（名 classroom） 　　 课堂 kètáng（名 classroom）

【相同】

都是名词，指上课时用的房间，但意思和用法都有不同，不能互换。

【不同】

1. "教室"指上课用的房间，主要指空间，量词用"间、个"，后面常带"里"：

一间教室　301教室　那间教室　打扫教室（课堂 ×）

暑假的时候，每间教室的门都上了锁。（课堂 ×）

教室里很安静，没有一个人说话。（课堂 ×）

2. "课堂"指正在上课的教室，主要指正在进行的教学活动，一般不用量词，后面常带"上"；常做定语，修饰"教学、纪律、提问、气氛、讨论、作业"等：

课堂教学　课堂气氛　课堂讨论　课堂作业　课堂提问（教室 ×）

课堂上要保持安静。（教室 ×）

今天的课堂讨论很热烈。（教室 ×）

3. "课堂"还泛指能够学到各种知识的活动或场所；"教室"没有这样的用法：

在社会这个大课堂中，你会学到一些书本上没有的知识。（教室 ×）

课外活动被称为第二课堂。（教室 ×）

> 街道 jiēdào（名 street, road, way）
> 路 lù（名 road, way, line, route）

【相同】

都是名词，可以指地面上让行人、车辆通过的道路，有时可以互换：

这条路比较宽。(街道 √)
街道上挤满了车。(路 √)
路的两旁种满了鲜花。(街道 √)

【不同】

1. "街道"的两边通常有房屋等建筑物,一般都比较宽阔;"路"的两边不一定有建筑物,可以很宽,也可以很窄:

大路 小路 山路 水路 高速路(街道 ×)
这条街道上住了几十户人家。(路 ×)
广州酒家在广州的一条主要街道上。(路 ×)
山上没有路,爬上去很困难。(街道 ×)
我家门前正在修一条路。(街道 ×)

2. "路"可以指抽象的道路;"街道"没有这样的用法:

你才二十来岁,人生的路还很长。(街道 ×)
成功的路上会遇到许许多多的困难。(街道 ×)

3. "路"可以表示走的路程、距离,还有路线的意思;"街道"没有这样的用法:

我今天走了三十多里路。(街道 ×)
这两天走的路太多,腿有点疼。(街道 ×)
坐几路公共汽车可以到动物园?(街道 ×)

结束 jiéshù(动 end, finish, put an end to)
完 wán(动 complete, end, finish)

【相同】

都是动词,可以表示不再继续,或已经完成,不再进行。"结束"比"完"要正式,后面不带宾语时,常可互换:

鱼儿离开水,生命就结束了。(完 √)

这个节目要到十一点才结束。(完 √)
这个工作什么时候才能完?(结束 √)
电影快完了,咱们一会儿去吃饭吧。(结束 √)

【不同】

1. "结束"后面可以跟双音节或多音节宾语;"完"一般不带宾语:

他用一个高难度动作结束了表演。(完 ×)
总理刚刚结束了对欧洲的访问。(完 ×)

2. "结束"前面可以有"胜利、圆满、顺利"等词语做状语,后面可以带有"得"的补语;"完"没有这样的用法:

会议顺利地结束了。(前有状语。完 ×)
访问圆满地结束了。(前有状语。完 ×)
我没想到比赛结束得这么早。(后有补语。完 ×)

3. "完"可以用在动词后做补语,表示动作完成或东西用尽了,一点儿也没剩下;"结束"没有这样的用法:

书看完了 会开完了 饭吃完了 水喝完了(结束 ×)
我的作业做完了。(结束 ×)
面包已经吃完了,吃面条吧。(结束 ×)
洗发水还没用完,先不用买。(结束 ×)

旧 jiù(形 old, used, former)
老 lǎo(形 old, of long standing, tough)

【相同】

都是形容词,表示使用时间长的、过时的,跟"新"相对,用于思想、样式、建筑、机器、家具等时,可以互换:

那座旧房子现在已经没人住了。(老 √)

你的这些老思想应该改变一下了。(旧 √)

【不同】

1. "旧"可以形容"社会、时代、时期"等;"老"不能:

在中国,旧社会指的是1949年以前的社会历史。(老 ×)

这些都是老建筑了,走进去,感觉进入了一个旧的时代。(老 ×)

2. "旧"还可以表示具体的东西因长时间使用而变色、变形等;"老"没有这样的用法:

这本词典我用了五六年了,已经很旧了。(老 ×)

这帽子太旧了,买顶新的吧。(老 ×)

这些都是旧衣服,如果你不穿就丢了吧。(老 ×)

3. "老"可以指年岁大,跟"少"或"幼"相对;还可以指(蔬菜生长、食物加热)超过了合适的程度,跟"嫩"相对。"旧"没有这样的用法:

人老了,走路不太方便了。(旧 ×)

我快60岁了,已经老了。(旧 ×)

玉米太老了。(旧 ×)

肉炒老了不好吃。(旧 ×)

4. "老"可以表示做某工作时间长且有经验,还可以指原来的;"旧"没有这样的用法:

老教师 老司机 老医生 老会计 (≈有经验。旧 ×)

老地方 老校长 老总统 老领导 (≈原来的。旧 ×)

老同学 老朋友 老城市 老街道 (≈存在时间长。旧 ×)

新教师应该向老教师学习。(旧 ×)

咱们还是老地方见吧。(旧 ×)

我们是老同学,认识很多年了。(旧 ×)

这条老街已经有上百年的历史了。(旧 ×)

就要 jiùyào（副 at once, right away）
快要 kuàiyào（副 at the point of, soon）

【相同】

都是副词，做状语，表示动作或情况不久就会出现。"就要"表示的时间比"快要"更近。有时可以互换：

<u>快要</u>到了，你别急。（就要 √）
<u>快要</u>出发了，做好准备！（就要 √）
飞机<u>就要</u>降落了，请系好安全带。（快要 √）
奥运会<u>就要</u>开幕了，各项准备工作正在紧张地进行。（快要 √）

【不同】

1. 用"就要"的句子中可以有时间词语；用"快要"的句子中不能有时间词语：

下个月，中国经济代表团<u>就要</u>访问欧洲。（快要 ×）
再过两个星期，广州中学生代表团<u>就要</u>到北京参观访问。（快要 ×）

2. "就要"的前面可以有"马上、立刻、很快"等词语；"快要"不能这样用：

暑假很快<u>就要</u>过去了。（快要 ×）
马上<u>就要</u>毕业了，真舍不得离开学校啊。（快要 ×）

K

看 kàn（动 watch, look at, read）　　　见 jiàn（动 see, meet）

【相同】

都是动词，表示用目光接触人和物，但意思有不同，一般不能互换。

【不同】

1. "看"表示看的行为,不一定看见;"见"表示看的结果,已经看见,后面一般要带"过、了、到"等:

我们周末去看海吧!(见×)

我见过山,没见过海。(看×)

2. 后面的宾语是人时,"看"表示拜访、探望的意思;"见"表示见面、会见的意思:

这几天我想在北京看看朋友。(看望朋友。)

这几天我想在北京见见朋友。(跟朋友见面。)

王老师生病了,我们去看他。(看望王老师。见×)

王老师让你现在去办公室见他。(跟王老师见面。看×)

3. "看"后面可以接"错、完、好、清、清楚"等补语;还可以接"一遍、一会儿、几天、几小时、几分钟"等表示时段和过程的补语。"见"不能:

看错了 看清了 看完了 看得清楚 看不清楚(见×)

看了三天 看了几遍 看了一会儿(见×)

太远了,我看不清楚。(见×)

吃完饭,他看了一会儿电视。(见×)

4. "看"有"阅读、看待、认为"等意思;"见"没有这样的用法:

这本书很有意思,你看看吧。(≈阅读。见×)

外面下雨了,我看我们不要出门了。(≈认为。见×)

不要管别人怎么看你,做自己喜欢的事就好了。(≈看待。见×)

看 kàn(动 watch,look at,read)

看到 kàndào(动 see)　　看见 kànjiàn(动 see)

【相同】

都是动词,都可以带宾语,表示视线接触到人或物。"看到"和

"看见"有时可以互换,"看"不能和"看到、看见"互换:

最近你<u>看到</u>方老师了吗?(看见 √ 看 ×)
<u>看见</u>那个红色的楼了吗?那就是我们学校。(看到 √ 看 ×)

【不同】

1."看"表示视线接触人或物的过程,不一定看到,前面可以有"正、在、正在"等词,后面可以带补语,可以带"着";"看到、看见"表示"看"达到了目的,前面不能有"正、在、正在"等词,后面不能带补语,不能带"着":

<u>看</u>完 <u>看</u>错 <u>看</u>清楚 <u>看</u>一下 <u>看</u>得很清楚(看到 × 看见 ×)
大卫在<u>看</u>书呢。(看到 × 看见 ×)
他正在<u>看</u>电视。(看到 × 看见 ×)
张平<u>看</u>着朋友走远了。(看到 × 看见 ×)

2."看到"和"看见"意义和用法更接近,但"看到"的宾语既可以是具体的、眼前的东西,也可以是抽象的、比较远的东西;"看见"的宾语则多是具体的、眼前的东西:

<u>看到</u>一个人 <u>看到</u>一片树林 <u>看到</u>一条河(具体。看见 √ 看 ×)
<u>看到</u>希望 <u>看到</u>努力 <u>看到</u>前途 <u>看到</u>光明(抽象。看见 × 看 ×)
我丢了一部白色手机,你们<u>看到</u>了吗?(具体。看见 √ 看 ×)
不要被困难吓倒,要<u>看到</u>前途和光明。(抽象。看见 × 看 ×)
你不能只<u>看到</u>他的缺点,<u>看</u>不<u>到</u>他的优点。(抽象。看见 × 看 ×)

考 kǎo(动 give or take an examination, test)
考试 kǎoshì(动 examine, test;名 examination)

【相同】

都是动词,都表示通过书面或口头提问的方式检查知识、技能,并给出成绩。有时可以互换:

刘老师说了，口语课今天不考试。(考 √)
选修课期中不考试。(考 √)

【不同】

1. "考"可以带宾语、补语；"考试"不能：
今天上午我们考外语。(带宾语。考试 ×)
他准备考北京大学。(带宾语。考试 ×)
阿里这次口语考得不错。(带补语。考试 ×)

2. 句子前面没有出现考试的课程时，用"考试"，不用"考"：
明天早上考试，今晚早点儿休息。(前面没有考试课程。考 ×)
我们今天在409教室考试。(考 ×)
口语课今天考试，听力课明天考试。(前面有考试课程。考 √)

3. "考试"有名词用法，可以做主语、宾语，前面可以有定语；"考"没有这样的用法：
期中考试　期末考试　数学考试　口语考试（考 ×)
期中考试我考得不太好。(做主语。考 ×)
你明天参加汉语水平考试吗？(做宾语。考 ×)

L

来 lái（动 come）　　去 qù（动 go）

【相同】

都是动词，可以做谓语，也可以用在动词后面做补语，表示动作的方向。在回答别人的问话时，可以用"来"，也可以用"去"，只是

视点有所不同:

你什么时候来?——我马上就来。(问话人的视点,"我"向问话人走来。)

你什么时候来?——我马上就去。(答话人的视点,离开"我"所在的地方。)

你快给我送一把雨伞来!——好的,我这就给你送来。(问话人的视点。)

你快给我送一把雨伞来!——好的,我这就给你送去。(答话人的视点。)

【不同】

1."来"指从别的地方到说话人所在的地方;"去"指从说话人所在的地方到别的地方。在其他情况下不可以互换:

杰克明天来广州,让我去机场接他。(去 ×)

杰克明天去广州,我去机场送他。(来 ×)

请你把桌子上那本书给我拿来。(去 ×)

杰西让你把这本书给他拿去。(来 ×)

2.有一些固定的搭配不能互换:

从北京来　来这里　到这里来(去 ×)

到哪里去　去那里　到那里去(来 ×)

他刚才从美国来,一句汉语都不会说。(去 ×)

3."去"可以用在某些动词后,表示失去的意思;"来"没有这样的用法:

花去　用去　占去　擦去(来 ×)

他这次旅行花去了几千块钱。(来 ×)

今天的作业用去了我三个小时。(来 ×)

> 老是 lǎoshi（副 always, invariably）
> 总是 zǒngshì（副 always, invariably）

【相同】

都是副词，做状语，修饰消极的、说话人不满意的事情或状态，"老是"多用于口语，"总是"书面语和口语都用。以下情况经常可以互换：

1.用在动词性短语前面，表示情况、行为在某段时间内常常发生或出现：

老是咳嗽　老是头疼　老是麻烦别人（总是√）

总是哭　总是吵架　总是迟到（老是√）

这几天老是下雨，出门不方便。（总是√）

真不好意思，总是麻烦你。（老是√）

2.用在"这么/那么+形容词"之前，表示某种性质状态一直这样，没有变化：

老是那么紧张　老是那么伤心　老是那么不高兴（总是√）

最近作业老是这么多，怎么做得完啊？（总是√）

总是这么累　总是这么烦　总是这么急（老是√）

你最近怎么总是不开心？（老是√）

【不同】

1."总是"可以用于积极的或说话人满意的事情；"老是"含有不满的意思，一般不这样用：

每次我遇到困难，张强总是想办法帮我解决。（老是×）

他们俩是好朋友，总是一起上学，一起回家。（老是×）

每年春节，我们总是约着一起去给老师拜年。（老是×）

2."总是"还可以表示不管怎样一定会（出现某个结果），或者强调某个事实，相当于"毕竟"；"老是"没有这样的用法：

风雨总是会过去，天总是会晴的。（不管怎样一定会。老是×）
人总是会死的。（不管怎样一定会。老是×）
他总是你的朋友，你应该帮他。（强调事实。老是×）

了解 liǎojiě（动 understand）　　知道 zhīdào（动 know）

【相同】

都是动词，表示听说、懂得某人或某个情况。有时可以互换：

我刚来，不了解这里的情况。（知道√）

我知道杰克的脾气，他肯定会发火。（了解√）

你不知道他的为人，这件事一定不是他做的。（了解√）

【不同】

1. "了解"指对某人或某种情况知道得很多、很清楚，比"知道"的意思要更进一层；"知道"只是听说、看见某人或某事，对人或事的认识很简单，不全面。语义明确时不可互换：

我知道这个人，并不了解他。（了解×　知道×）

我们是多年的老朋友了，我了解他。（知道×）

爱丽刚来中国，对中国的历史和文化不了解。（知道×）

我没去过这个地方，不知道怎么走。（了解×）

我知道他住哪儿，我去过。（了解×）

2. "知道"的可以是答案、道理、地址、电话号码、姓名等；"了解"没有这样的用法：

你知道第二题的答案吗？（了解×）

我知道你心情不好，但是你也不能打他呀。（了解×）

这么简单的道理你都不知道？（了解×）

3. "了解"前面可以加"很、非常、比较"等词语，可以用在"对……了解"的句式中；"知道"不能：

很了解　比较了解　不太了解　十分了解（知道×）
他是我哥哥，我当然很了解他。（知道×）
我们很少见面，我对他现在的情况不太了解。（知道×）

4."了解"有打听、调查的意思，还可以做主语、宾语；"知道"没有这样的用法：

了解清楚　了解一下　了解了解　了解一番（知道×）
我今天来，是想了解一下孩子在学校的情况。（知道×）
你先把情况了解清楚再说吧。（知道×）
我对他的了解不多。（主语。知道×）
我对那里的情况已经有一个大概的了解。（宾语。知道×）

M

慢慢 mànmàn（副 slowly）
越来越……yuèláiyuè…（副 more and more, increasingly）

【相同】

都是副词性的，做状语，用在形容词或表心理状态的动词前面，表示事物随时间慢慢出现连续的、自然的变化。此时常可以互换，但意思有一些不同。"慢慢"表示一种状态从无到有；"越来越"表示一种状态已经存在，程度增加：

天气慢慢热了。（状态从无到有，从不热到热）
天气越来越热了。（状态的程度增加，从热到更热）
这里的气候我慢慢适应了。（从不适应到适应）
这里的气候我越来越适应了。（从适应到更适应）

【不同】

1. "越来越"修饰形容词或表心理、状态的动词时,后面可以没有"了";而用"慢慢"时,这些词语后面通常要带"了":

越来越热　越来越快　越来越喜欢　越来越了解(慢慢×)

越来越黑了　越来越胖了　越来越习惯了(慢慢√)

天越来越黑,行人越来越少。(慢慢×)

天越来越黑了,行人越来越少了。(慢慢√)

窗外的雨越来越大。(慢慢×)

窗外的雨越来越大了。(慢慢√)

现在,我已经越来越适应这里的气候。(慢慢×)

现在,我已经越来越适应这里的气候了。(慢慢√)

2. "慢慢"修饰的形容词后面可以有补语"起来、下来、下去"等;"越来越"不能:

下了几场雨,天气慢慢凉下来了。(越来越×)

最近,天气慢慢暖和起来。(越来越×)

每天坚持跑步,你一定会慢慢瘦下去的。(越来越×)

3. "慢慢"可以修饰表示某种变化的动词短语或其他动词(不能受"很、非常"等程度副词的修饰);"越来越"不能:

慢慢停止　慢慢变化　慢慢升高　慢慢长大(越来越×)

慢慢出现　慢慢降低　慢慢变老　慢慢加深(越来越×)

经过治疗,他的身体慢慢恢复了健康。(越来越×)

日子一天天过去,我们之间的了解慢慢加深。(越来越×)

4. "慢慢"可以修饰具体的动作行为,表示速度不快,后面还可以加"地";"越来越"不能:

慢慢写　慢慢说　慢慢看　慢慢地吃　慢慢地喝(越来越×)

火车慢慢开了。(越来越×)

他慢慢地站了起来。(越来越×)

> 没关系 méi guānxi（it doesn't matter, have nothing to do with）
> 没什么 méi shénme（never mind, nothing）
> 没事儿 méi shìr（it's nothing, never mind, be free）

【相同】

都表示没问题、不用担心。常独立成句，在谈论自己的情况或安慰别人时，可以互换：

不好意思，碰到你了。——没关系。（没什么√　没事儿√）

没什么，我只是有点儿咳嗽。（没关系√　没事儿√）

这次没考好，没事儿，你别难过了。（没关系√　没什么√）

你只是有点儿感冒，没关系，很快就好了。（没什么√　没事儿√）

【不同】

1. 回答"对不起"时，多用"没关系、没事儿"；回答"谢谢你、麻烦你"时，多用"没什么"：

对不起，我把你衣服弄脏了。——没关系。（没事儿√　没什么×）

王强，非常感谢你的帮助，谢谢你。——没什么，一点儿小事。（没事儿×　没关系×）

2. "没事儿"还表示没有问题或毛病，还表示有空，没有事情、工作等；"没关系、没什么"没有这样的用法：

你没事儿吧？怎么不说话？（没关系×　没什么×）

我没事儿，休息一下就好了。（没关系×　没什么×）

这两天我没事儿，可以陪你到处逛逛。（没关系×　没什么×）

3. "没关系"可以在句中做谓语，表示两者之间不存在关系或联系，还可以表示不要紧，无所谓；"没什么、没事儿"没有这样的用法：

这件事和那件事根本没关系。（没什么×　没事儿×）

我一定要去，你不同意也没关系。（没什么×　没事儿×）

> 每天 měitiān(名 every day)
> 天天 tiāntiān(副 daily,day to day,day in and day out)

【相同】

都用来表示时间,指每一天,都可以做状语。有时可以互换:

我每天晚上都是十二点左右睡觉。(天天 √)

他最近心情不好,天天都喝酒。(每天 √)

【不同】

1. "每天"强调每一天,当"每天"用来说明以"一天"为单位的情况时,不能换成"天天";"天天"主要表示一天接一天,强调行为的连续性,常和"年年、月月"一起用,此时不能换成"每天":

我们公司也是每天工作八小时。(天天 ×)

目前广州火车站每天进出旅客八万多人。(天天 ×)

好好学习,天天向上。(每天 ×)

我天天想,天天盼,今天终于可以回家了。(每天 ×)

2. "每天"可以用于"每人每天、平均每天"中;"天天"不能:

这一段时间,他们每人每天工作10个小时以上。(天天 ×)

人的头发平均每天可以长0.4毫米。(每天 ×)

3. "每天"是名词,能做定语;"天天"是副词,只做状语:

我现在每天的收入1000元左右。(天天 ×)

每天的太阳都是新的,明天会更好。(天天 ×)

4. "天天"常用在名称、口号、熟语和表示祝愿的话中;"每天"没有这样的用法:

你可以上"天天饮食网"找餐馆信息。(每天 ×)

《天天把歌唱》是中央台的一个音乐歌曲类节目。(每天 ×)

品牌服装,天天特价。(每天 ×)

祝你身体健康,天天开心!(每天 ×)

> 明白 míngbai（形 clear, frank, sensible；动 know）
> 清楚 qīngchu（形 distinct, clear；动 be clear about）

【相同】

都是形容词兼动词，表示明确、容易懂。都可以重叠。经常可以互换：

我刚才说的话，你明白了吗？（清楚 √）

王老师讲得十分清楚，我都听懂了。（明白 √）

我明明白白地告诉你，这是不可能的。（清清楚楚 √）

【不同】

1. 做形容词时，"明白"主要指意思或内容明确，容易懂，使用范围较小，多用于表达方面，和"内容、意思、道理"等抽象事物搭配；"清楚"使用范围较大，除了表示明确，容易懂以外，还表示不模糊，容易被人了解、辨认、记住，用于"字迹、相片、声音、形体"等具体事物：

清楚的解释　清楚的声音　清楚的样子　清楚的答案（明白 ×）

他清楚地知道自己的不足。（明白 ×）

道理已经讲得很明白了。（清楚 √）

他把意思说得很明白，就是不想离开这里。（清楚 √）

他发音清楚，说话很流利。（明白 ×）

我没看清楚那个人的样子。（明白 ×）

2. 做动词时，意思不同。"明白"主要表示理解、懂，"清楚"主要表示知道、了解情况和事情的整个过程：

我不明白你为什么要这么做。（不理解你的行为）

我不清楚你为什么要这么做。（不知道这么做的原因）

过了半天，我才明白过来。（清楚 ×）

他们吵架时，我就在旁边，事情的经过我很清楚。（明白 ×）

3. "清楚"可以做状语、定语。"明白"一般不做定语,只可以说"明白人",形容人聪明,讲道理;"明白"做状语时,一般要重叠或前面加程度烈词"很、非常"等:

你应该对整个过程有一个清楚的了解。(明白 ×)

他是个明白人,不会为难你的。(清楚 ×)

哥哥明明白白地告诉我,他不同意我出国。(清清楚楚 √)

我很明白地告诉你,你错了。(清楚 ×)

N

那 nà(代 that, those;连 then, so)
那儿 nàr(代 there, that place)

【相同】

都是代词,指离说话人比较远的地方,"那儿"是"那里"的口语形式。做主语,用于"是"字句时,能互换:

那是我们的图书馆。(那儿 √)

那是我们的办公室。(那儿 √)

那儿是颐和园。(那 √)

【不同】

1. 指处所时,"那"要用在"是"字句中做主语;而"那儿"还可以用在其他句式中,可以做宾语、定语,还可以组成"名词/代词+那儿":

我去过昆明,那儿四季如春。(非"是"字句,那 ×)

有时间的话,我会去那儿看看。(宾语,那 ×)

那儿的风景很美，有时间去玩玩儿吧。（定语，那×）
我们那儿冬天没有暖气，屋子里很冷。（那×）
我明天去王林那儿，听说他那儿需要人。（那×）

2. "那"主要用来指比较远的人或事物，后面可以接量词、数量词；"那儿"只能指处所：

那是我哥哥。（那儿×）

那都是我的书，你随便看。（那儿×）

看见那两个人了吗？他们是新来的。（那儿×）

我要那块蛋糕。（那儿×）

那种水果味道还不错。（那儿×）

他看看这，看看那，对什么都感兴趣。（那儿×）

3. "那"还有连词的用法，引出结果或判断，跟"那么"的意思相当；"那儿"没有这样的用法：

你喜欢这个？那我们就买吧。（那儿×）

你想去的话，那我们就去吧。（那儿×）

那 nà（代 that, those；连 then, so）
那么 nàme（代 like that, in that way；连 then）

【相同】

都是连词，用在后一分句的开头，引出后面的结果或判断。后面没有逗号时，可以互换，但"那么"比"那"正式，多用于书面语：

如果不这样做，那问题该怎么解决呢？（那么√）

既然你说的是真的，那么他说的就一定是假的！（那√）

【不同】

1. 做连词时，"那么"后面可以有逗号；"那"后面不能用逗号：

如果人类文化不从一代传给下一代，那么，人类文化就不可能

得到保存和发展。(那×)

既然你选择这条路,那么,就勇敢地走下去吧。(那×)

2.都有代词用法,但意思和用法不同,不能互换。"那"指代人或事物,可以单独做主语,也可以用在量词、数量词或名词前;"那么"用在形容词、动词或"数量短语+名词"前,指代性质、状态、程度或方式:

那个 那件 那几天 那三本 那时候 那本书(那么×)

那是我们的办公楼。(单独的主语。那么×)

那件比这件便宜。(那么×)

那几瓶酒是我从香港带来的。(那么×)

那么大 那么好 那么做 那么方便 那么讨厌(那×)

那么一个人 那么几种情况 那么两种结果(那×)

那么贵的衣服我可买不起。(那×)

我刚才不好意思那么说。(那×)

真没想到她是那么一个人,以后别再找她帮忙了。(那×)

那边 nàbiān(代 there,over there)

那里 nàlǐ(代 there,that place,over there)

那儿 nàr(代 there,that place)

【相同】

都是代词,指离说话人比较远的地方。有时可以互换,"那儿"用于口语,"那边、那里"书面语和口语都用:

这个时候美国那边应该是晚上。(那儿√ 那里√)

周末我要去父母那儿看看。(那边√ 那里√)

你看,那里的草多绿啊!(那边√ 那儿√)

【不同】

1. "那边"主要指某个处所的另一边,或指有关系事物的另一方,常和"这边"相对,常说"……的那边";"那里"和"那儿"没有这样的用法:

山的那边　大海的那边　图书馆的那边(那儿×　那里×)
小时候,爷爷告诉我山那边就是大海。(那儿×　那里×)
我坐在老师的这边,玛丽坐在老师的那边。(那儿×　那里×)
湖这边是咱们湖南省,湖那边就是湖北省。(那儿×　那里×)
比赛才开始,红队那边就有两个人受了伤。(那儿×　那里×)

2. "那儿"和"那里"还可以指抽象事物的来源,用在表示人物的名词后面;"那边"只指具体的地方、处所:

王老师从大卫那儿了解到一些情况。(那里√　那边×)
我从父母那里得到了永远的爱。(那儿√　那边×)

那么 nàme(代 like that, in that way;连 then)
那样 nàyàng(代 like that, such as, of that kind)

【相同】

都是代词,以下情况可以互换:
1. 修饰形容词或动词,强调程度或方式:

那么好　那么难　那么容易　那么复杂(那样√)
那么说　那么做　那么处理　那么解释(那样√)
他是有错,但是你也不应该那么说他。(那样√)
那样容易的题你不会做?(那么√)

2. 都可以修饰"一+量词+名词",强调人或事物的性质、特点:

他就是那么一个人,没办法。(那样√)
有那样一种爱,总是会带给人温暖。(那么√)

【不同】

1. "那样"可以做主语、谓语或补语,还可以做定语修饰名词;"那么"没有这样的用法:

那样最好了,我们来回都方便。(主语。那么 ×)

你要是再那样,没人会相信你的了。(谓语。那么 ×)

他都急得那样了,别开他玩笑了。(补语。那么 ×)

那样的女孩谁不喜欢?(定语。那么 ×)

2. "那么"还有连词用法,引出后面的结果或判断;"那样"没有这样的用法:

如果去外国的公司面试,那么英文自我介绍是很必要的。(那样 ×)

既然这几天大家都很忙,那么,这件事以后再商量吧。(那样 ×)

> 那么 nàme(代 so, thus, like that, in that way;连 then)
> 这么 zhème(代 so, such, like this)

【相同】

都是代词,指代性质、方式、状态、程度等。在没有确定时间、确定距离的句子中可以互换:

我还不知道他是那么一个人。(这么 √)

我不同意你这么做。(那么 √)

他怎么走得这么慢啊!(那么 √)

【不同】

1. "那么"指代的是远处和较远时间的事,"这么"指代的是近处和较近时间的事。在明确表示近指或远指时,一般不互换:

这儿的冬天没有我们老家那么冷。(这么 ×)

她没有以前那么爱玩了。(这么 ×)

你看,这个汉字应该这么写。(那么 ×)

雨下得这么大,还是别去了。(那么 ×)

2."不那么"用在形容词前,表示程度不太高;"不这么"不能:

护照丢了,可她看起来并不那么着急。(这么 ×)

我觉得他的能力并不那么强。(这么 ×)

3."那么"有连词用法,连接前后的句子,引出后面的结果或判断;"这么"没有这样的用法:

大家都同意了?那么,我们明天就开始行动。(这么 ×)

如果每天阅读20分钟,那么你每年大约阅读122小时。(这么 ×)

能 néng(助动 can, be able to)
会 huì(助动 can, be able to, be likely to, be sure to)

【相同】

都是助动词,用在动词前,以下情况可以互换:

1.都表示掌握了某种知识或技能:

学了一个月,我现在会游泳了。(能 √)

安娜能用汉语写日记了。(会 √)

2.都表示有某种可能性,但"会"强调客观上有可能实现,"能"强调主观上有能力做到:

你一定会成功的。(客观上有可能。)

你一定能成功的。(主观上有能力。)

这么晚了,他不会来了。(客观上没有可能。)

他今天有事,不能来了。(主观上没有能力。)

3.都表示善于做某事,前面可以加"很、真、最、非常、比较"等词,但"能"强调数量,"会"强调质量:

克里很能写文章。(主要强调写得多。会 √)

安娜最会写文章。(主要强调写得好。能 √)

【不同】

1.恢复了某种能力,一般用"能";第一次学会某种技能,一般用"会":

麦克的伤好了,已经能走路了。(会×)

我儿子刚满一岁,已经会走路了。(能×)

2.动词后有补语、数量短语时用"能",一般不用"会":

能听完 能听懂 能看到 能修好 能讲明白(会×)

能吃两碗饭 能游1000米 每天能做5个(会×)

他能听懂汉语了。(动词后有补语。会×)

小芳一分钟能打200多个字。(动词后有数量短语。会×)

3."能"还表示条件或情理上可以、能够;"会"没有这样的用法:

我们能参加你们班的活动吗?(会×)

我能用英语回答问题吗?(会×)

这里不能抽烟!(会×)

能 néng(助动 can,be able to)
可以 kěyǐ(助动 can,be able to,may,permit)

【相同】

都是助动词,用在动词前面。以下情况可以互换:

1.都表示达到一定水平,或恢复某种能力,或有某种用途:

他学汉语学了五年,能自由地和中国人交际。(可以√)

李平的腿伤好了,能走路了。(可以√)

橘子皮可以做药。(能√)

2.都可以表示被允许、许可,多用来询问是否被允许做某事:

李老师,我可以问你一个问题吗?(能√)

我可以用用你的词典吗？（能 √）

【不同】

1. "能"可以表示某种客观的可能性，有估计、猜测的意思，多用在表示推测的问句或反问句中；"可以"没有这样的用法：

这么晚了，你说他还能来吗？（推测。可以 ×）

大冬天哪能有蚊子？（反问。可以 ×）

2. "能"可以表示善于做某事，形容人具有某种品质或特点，前面可加"很、最、比较"等表程度的词；"可以"没有这样的用法：

很能吃　最能说　比较能喝酒（可以 ×）

我们班同学中，杰西最能说。（可以 ×）

阿克兰能团结人，大家都喜欢他。（可以 ×）

3. "可以"还表示值得，常用来提建议，相当于"不妨"；"能"没有这样的用法：

这本小说写得很好，你可以看看。（能 ×）

听说绿茶加蜂蜜能治咳嗽，你可以试一下。（能 ×）

年 nián（名 year）　　　　岁 suì（量 year of age）

【相同】

都表示时间，365天（闰年366天）为一年（岁），但用法不同，一般不能互换。

【不同】

1. 都可以用在数字后面或"多少、几"的后面，但意思不同。"年"指地球围绕太阳一周的时间；"岁"指人的年龄：

哈里在北京住了10年。（岁 ×）

哈里今年10岁。（年 ×）

你学习了几年汉语？（岁 ×）

你几岁上小学的?(年×)

2."年"是表示时间的单位,可以组成"前年、去年、新年、童年"等;"岁"不能:

前年　去年　今年　明年　后年　新年　过年(岁×)
童年　少年　青年　中年　老年　晚年　每年(岁×)
一年有十二个月。(岁×)
每年我们都有中文歌曲比赛。(岁×)
我的童年过得很快乐。(岁×)
少年儿童是国家的未来和希望。(岁×)

3."年"可以组成"早一年、晚几年"等;"岁"可以组成"大一岁、小几岁、长了一岁"等:

杰克比我早一年毕业。(岁×)
我比玛丽大一岁,玛丽比丽娜小三岁。(年×)
过了新年,我又长了一岁。(年×)
我要是晚几年出生就好了。(岁×)

年轻 niánqīng(形 young)　　　年青 niánqīng(形 young)

【相同】

都是形容词,表示年纪不大,指十几到二十几的年龄阶段;可以受否定词和程度副词的修饰,都可以做谓语、定语。有时可以互换:

不年青　很年青　非常年青(年轻√)
年轻人　年轻一代　年轻的演员　年轻的时候(年青√)
他年轻,缺少经验。(年青√)
这个年青人很能干。(年轻√)

【不同】

1."年轻"表示相对意义的年纪小,可以用于中老年人,可以用

于比较句;"年青"表示绝对意义的年纪小,只用于十几岁至二十几岁的人,不能用于中老年人,不能用于比较句:

他爸爸虽然五十岁了,看起来还挺年轻。(年青×)
他六十,我五十,可他看起来比我年轻多了。(年青×)
小王可能比小李年轻几岁。(年青×)

2."年轻"可以用于事物,表示事物产生的时间不长;"年青"只能用于人,不能用于物:

深圳是一座年轻的城市,充满了生机和活力。(年青×)
我们学校成立的时间不长,是一所年轻的学校。(年青×)

努力 nǔlì(动 try, make great efforts hard;形 hardworking)
认真 rènzhēn(形 earnest, serious)

【相同】

都是形容词,形容人对工作、学习等的态度积极,有时能互换。"努力"强调尽力,把自己的力量都用出来;"认真"强调做事不马虎,态度严肃:

不努力 很努力 特别努力(认真√)
他学习很努力。(认真√)
他要是再认真一点儿,成绩就会更好。(努力√)

【不同】

1."努力"强调做事尽力,花的时间多;"认真"强调态度严肃,不马虎。语义明确时不能互换:

赵梅学习很努力,每天都学到晚上十一点。(认真×)
他努力地往上爬,最后终于到达了山顶。(认真×)
她做事很认真,一点儿也不马虎。(努力×)
老师讲得好,同学们听得也很认真。(努力×)

2. "认真"可以重叠成"AABB"式;"努力"不能:
请你认认真真地考虑一下这件事情。(努力 ×)
你回去认认真真地复习一遍,明天一定能考好。(努力 ×)
3. "努力"有动词用法,可以重叠成"ABAB"式,中间可以插入别的词语,还可以说"好好努力、尽最大努力"等;"认真"没有这样的用法:
努力努力 努把力 努点儿力(认真 ×)
好好努力 继续努力 尽最大努力(认真 ×)
只要你努点儿力,成绩就会提高。(认真 ×)
我一定尽最大努力帮你。(认真 ×)
我一定继续努力,学好汉语。(认真 ×)

女的 nǚde(名 woman, female)
女人 nǚrén(名 woman, female, wife)

【相同】

都指女性,做主语或宾语时经常可以互换,"女人"比"女的"更正式:
女的一般比较细心。(女人 √)
她是一个女人。(女的 √)

【不同】

1. "女的"没有年龄限制,和"男的"相对;"女人"指成年的女性,和"男人"相对:
这本书的作者是女的,不是男的。(女人 ×)
这孩子是男的还是女的?(女人 ×)
一般来说,女人比男人细心。(女的 ×)
2. "女人"后面可以有"们、的";"女的"不能:

女人们一定要学会保护自己、爱护自己。(女的×)
我真弄不懂这些女人的想法。(女的×)
3. "女人"有时特指妻子,通常用于口语;"女的"不能:
他女人也工作。(女的×)
他不想看到自己的女人那么辛苦。(女的×)

P

普通 pǔtōng(形 common, ordinary)
一般 yībān(形 general, ordinary, common)

【相同】

都是形容词,表示不特别、不突出。都可以做定语、谓语,有时可以互换,但意思有不同。"普通"强调"和别的一样、常见、不特别";"一般"强调"不突出、不是很好的":
普通的学校　普通的关系　普通的家庭　普通的样式(一般√)
样式很一般　味道很一般　家庭很一般　关系很一般(普通√)
他没考上重点中学,考上了一所普通中学。(一般√)
我们俩只是普通朋友。(一般√)
这套家具的样式很一般。(普通√)

【不同】

1. "普通"做定语,可以修饰"衣服、生活、学生、病房、公民"等;"一般"很少修饰这些词。"普通"可以重叠;"一般"不能:
普通的衣服　普通的帽子　普通的书包(一般×)
普通学生　普通公民　普通生活　普通病房(一般×)

这个明星穿着一件普通的白衬衣。(一般 ×)

他过去是总统,现在就是一个普通公民。(一般 ×)

我只想过普通人的生活。(一般 ×)

2. "一般"做谓语,可以用于"能力、水平、成绩、收入、质量"等,含有"不是很好、不总这样"的意思;"普通"没有这样的用法。"不一般"表示"跟别的不同、特殊";"不普通"很少说,只是在和"普通"相对时才用:

能力一般 成绩一般 收入一般 质量一般(普通 ×)

阿里数学不错,化学一般。(普通 ×)

这种手机的质量很一般。(普通 ×)

3. "一般"可以做状语,相当于"通常",还可以在"V得"后做补语(V=动词),意思是"不是很好,不总这样";"普通"没有这样的用法:

他平时一般骑自行车上学。(状语。普通 ×)

他这篇作文写得很一般。(补语。普通 ×)

R

然后 ránhòu(连 then)　　以后 yǐhòu(名 after, later)

【相同】

都表示一事件发生在另一事件之后。但意思和用法都有不同,一般不能互换。

【不同】

1. 都可以用于两个分句之间,但意思不同。"然后"表示后一事件

紧接前一事件发生;"以后"表示某一时间或某一时期之后:
  我们这次先去三亚,然后再去海口。(先去三亚,接着去海口。)
  我们这次去三亚,以后再去海口。(这次去三亚,下次去海口。)
  2."然后"只能用在前后两个分句之间,前一分句常用"先、首先"等;"以后"可以用在单句中,可以单用,也可以用在其他词语之后:
  我们先去吃饭,然后再去买东西。(复句。以后×)
  我们首先学习生词,然后再做练习。(复句。以后×)
  毕业以后　下车以后　结婚以后　开学以后(然后×)
  以后,去那里就方便了。(单句。然后×)
  这件事以后再说吧。(单句。然后×)
  下课以后,我们一起去吃饭吧。(单句。然后×)
  3."以后"是名词,可以做定语、介词宾语;"然后"没有这样的用法:
  以后的事情,谁也说不清楚。(定语。然后×)
  你要多为以后打算。(介词宾语。然后×)

认识 rènshi(动 know, recognize;名 understanding, knowledge)
知道 zhīdào(动 know)

【相同】
  都是动词,表示对某人或某事物有一定的了解。但意思有不同,不能互换。

【不同】
  1.都可以用于"人",但有不同。"认识"表示见过某人,并可能跟他有交往;"知道"只是听说过某人的名字或有关他的情况,但没有见过,没有交往。"知道某人"不一定"认识某人":
  我认识张文。(我见过张文,也可能和他有交往。)

我知道张文。(我听说过张文,可能没见过。)
我俩以前不认识,只知道对方的名字。(知道 × 认识 ×)

2. 都可以用于某个东西,但有区别。"认识"表示见过某个东西,知道是什么样的;"知道"只是听说过某个东西,但没见过:

我认识荔枝。(我见过荔枝,知道是什么样的。)
我知道荔枝。(我听说过荔枝,可能没见过。)
我认识这个汉字,会写也会读。(知道 ×)
我知道这个汉字,听人说过,没见过。(认识 ×)

3. "知道"可以用于事情,后面可以带主谓短语做宾语;"认识"没有这样的用法:

你知道他们去哪儿了吗?(认识 ×)
我不知道他病了。(认识 ×)
这件事大家都知道了。(认识 ×)

4. "认识"还指人的思维活动,常组成"认识到",后面带抽象事物宾语;"认识"还有名词的用法。指对事物的看法、观点。"知道"没有这样的用法:

大家一定要正确认识这个问题。(知道 ×)
他还没有认识到错误的严重性。(知道 ×)
大家对这个问题的认识还不一致。(知道 ×)
通过研究,我们对汉语有了新的认识。(知道 ×)

认为 rènwéi(动 think, consider, hold)
觉得 juéde(动 feel, think, find)

【相同】
都是动词,表示对人或事物做出判断,表明看法。有时可以互换:
大家都认为这件事一定是小王干的。(觉得 √)

我认为还是先跟他商量一下吧。（觉得 √）
你觉得这本小说怎么样？（认为 √）
我觉得你这样说不太好。（认为 √）

【不同】

1. "认为"强调根据客观事实做出肯定的判断；"觉得"强调个人主观上的感觉。判断具有很强的客观性时，一般用"认为"；前面的主语是某种理论或观点时，只能用"认为"：

同学们都觉得汉字难学。（认为 √）
医生仔细检查以后，认为这种皮肤病是可以治好的。（觉得 ×）
研究认为，说不同母语的儿童在学习他们的母语时有很多相同的地方。（觉得 ×）
这种理论认为，月球是地球的第四颗卫星。（觉得 ×）

2. "认为"可以用于"被"字句；"觉得"不能：

这幅画一直被认为是他学生的作品。（觉得 ×）
这一天被人们认为是一年中最冷的时候。（觉得 ×）

3. "觉得"还可以表示产生某种感觉，后面常跟"有点儿/很+形容词"或"好像……"；"认为"没有这样的用法：

他觉得有点儿累。（认为 ×）
听到他的声音，我觉得很熟悉。（认为 ×）
我觉得好像回到了家乡。（认为 ×）

认为 rènwéi（动 think, consider, hold）
以为 yǐwéi（动 think, assume）

【相同】

都是动词，表示在理解、分析的基础上得出对人或事物的判断或看法，有时可以互换。"认为"的语气更加肯定、正式：

我认为这个办法不错,大家可以试试。(以为 √)
事情这样处理,大家以为如何?(认为 √)
你别以为自己没有用。(认为 √)

【不同】

1. 主语明确不包括说话人在内,而且用于多人的看法时,一般用"认为",不用"以为":

老师们都认为这个学期玛丽娜进步最快。(以为 ×)
医生们一致认为张先生应当进行手术治疗。(以为 ×)

2. "以为"主要指错误的、跟实际情况相反的看法,常与"其实、原来、没想到、结果"等一起使用;"认为"通常没有这样的用法:

我以为今天下午三点才考试,所以迟到了。(认为 ×)
很多人都以为他是泰国人,其实他是越南人。(认为 ×)
我以为今天不会下雨,没想到回家的路上突然下大雨了。(认为 ×)
他以为自己能考80多分,结果没及格。(认为 ×)

3. "认为"可以用于被动句;"以为"不能:

他俩一直被认为是幸福的一对。(以为 ×)
这个进球被认为是足球史上最漂亮的进球。(以为 ×)

日 rì(量 date;名 day)　　　号 hào(量 date)

【相同】

都是量词,用在数字和"几、多少"之后表示日期,"号"比较口语化,"日"比较书面化。在说某月的某一天时可以互换:

3月8号　9月18号　6月4号(日 √)
他1985年3月5日生于广州。(号 √)
请问李先生去年六月几号来的广州?(日 √)

【不同】

1.单独说某一天,前面没有年、月时,用"号",不用"日":

今天几号了?——今天12号。(日×)

我不记得你是上个月多少号来广州的。(日×)

你打算二十几号去香港?(日×)

2."日"用在数字后,还可以表示时间长度,相当于"天";"号"没有这样的用法:

会议已进行三日,再有两日就可结束。(号×)

几日不见,你好像长胖了。(号×)

3."日"还可以和"今、昨"等组成"今日、昨日"等;"号"只能用在数字和"几、多少"后:

今日 昨日 前日 明日 多日 数日 后日(号×)

广州今日晴转多云,20℃—29℃。(号×)

中国代表团将于明日到达美国西部城市西雅图。(号×)

日 rì(名 day)

天 tiān(名 sky, day, weather, a period of time in a day)

【相同】

都是名词,表示一个白天和一个晚上24小时的时间,"日"多用于书面语,"天"口语和书面语都用:

昨天 今天 明天 每天 一天 星期天(日√)

天气预报说,明日多云转阴。(天√)

这种药一天吃一次。(日√)

这是治咳嗽的药,每日三次,每次两片。(天√)

【不同】

1."日"可以指特定的日期、日子;"天"一般不能指特定的日期、日子：

今天是三月十五日。(天×)

十月一日是中国的国庆节。(天×)

每年十月的第二个星期四是世界爱眼日。(天×)

2. "天"可以指天气；"日"没有这样的用法：

天变冷了。(日×)

天越来越热了。(日×)

最近一直是晴天。(日×)

3. "日"可以指太阳；"天"可以指天空：

日落的时候风景很美。(天×)

一轮红日正从东方升起。(天×)

天上有很多星星。(日×)

天亮了，该起床了。(日×)

4. "天"可以指时间，常说成"天儿"；"日"没有这样的用法：

天都这么晚了，快回家吧。(日×)

天还早呢，再睡一会儿。(日×)

S

时候 shíhou ［名（the duration of）time，（a point in）time］
时间 shíjiān ［名（the duration of）time，（a point in）time］

【相同】

都是名词，都可以表示某一点或某一段时间。有时可以互换：

明天什么时候出发？（时间 √）

现在正是吃饭的时间,我们边吃边聊。(时候√)

【不同】

1."时候"表示的意思比较模糊,多跟别的词语组成"当/在……的时候"和"……的时候"做状语;"时间"表示的意思很明确,可以用数量或数字来表示,可以是时间点,如"8点、9点10分",也可以是时间段,如"两个小时、一个晚上、三年",多做主语或宾语:

我们上课的时候,你去哪儿了?(几点几分不清楚。)

上课的时间是上午9点到11点。(几点几分很明确。)

上课的时候,他喜欢说话。(时间×)

上课时间到了,大家快进教室。(时候×)

飞机起飞的时候,我耳朵有点儿不舒服。(时间×)

飞机起飞的时间是11点30分。(时候×)

3."时间"前面可以有"一段、一个月"等词语,"时候"不能;"有时间"表示有空闲时间,"有时候"表示"有的时候":

这一段时间你忙什么呢?(时候×)

我给你一个月时间,你再想想。(时候×)

不好意思,今天我没有时间陪你。(≈没有空闲时间。时候×)

老师,您有时间给我讲讲这个问题吗?(≈有空闲时间。时候×)

那里的天气,有时候冷,有时候热。(≈有的时候。时间×)

事 shì(名 affair, matter, trouble, accident, job, work)
事情 shìqing(名 affair, matter, trouble, accident, job, work)

【相同】

都是名词,指生活中的各种活动和社会现象,可以指职业、工作,还可以指事故、差错。经常可以互换,"事"多用于口语,"事情"用于口语和书面语:

最近有点儿忙，事比较多。（事情 √）
这件事我也不清楚，我先了解一下。（事情 √）
爸爸让我毕业后先在他的公司做事，我不太想。（事情 √）
喝酒不能开车，出事就麻烦了。（事情 √）

【不同】

1. "事情"可以单独做主语、定语；"事"不能：
事情不是他说的那样，你可以多问问几个人。（主语。事 ×）
你不知道事情的经过，就不要乱说。（定语。事 ×）

2. "事"和"事情"都可以受单音节词"大、小"等修饰，但可以修饰"事"的单音节词更多：
这事 那事 大事 小事 好事 坏事（事情 √）
难事 易事 喜事 心事 私事 公事（事情 ×）
这是件好事情，我同意。（事 √）
遇到什么难事，请说出来。（事情 ×）
上班时不能为了私事打电话。（事情 ×）

3. "事"可以重叠为"事事"，表示"每件事"；"事情"不能重叠：
你刚来，事事都要小心。（事情 ×）
祝你事事顺利。（事情 ×）

睡 shuì（动 sleep） 睡觉 shuìjiào（动 sleep, fall asleep）

【相同】

都是动词，表示人或动物进入睡眠状态，后面没有宾语时常可互换：
除了我以外，他们都睡了。（睡觉 √）
你晚上一般几点睡？（睡觉 √）
我现在还不想睡觉。（睡 √）

【不同】

1. "睡"后面可以有补语；"睡觉"不能：

睡一会儿　睡到九点　睡了三个小时　睡在地上（睡觉×）
睡得很好　睡得很晚　睡得着　睡不着　睡着了（睡觉×）
他睡得像猪一样，怎么叫都不醒。（睡觉×）
如果我太高兴了，晚上就睡不着。（睡觉×）

2. "睡"后面可以带宾语；"睡觉"不能：
睡床　睡沙发（睡觉×）
楼上的房间睡人，东西放在楼下吧。（睡觉×）
床上睡着一个人。（睡觉×）
你睡床，我睡沙发，他睡地板。（睡觉×）

3. "睡觉"可以做主语、宾语，可以说"在睡觉、影响他睡觉"；"睡"一般不这样用：
睡觉是一件多么幸福的事啊。（主语。睡×）
他最喜欢睡觉。（宾语。睡×）
小点儿声，小王在睡觉。（睡×）
你别在这里听音乐，影响大家睡觉。（睡×）

T

他 tā（代 he）　　她 tā（代 she）　　它 tā（代 it）

【相同】

都是代词，用于指代"你""我"以外的第三方，表示复数时都在后面加"们"，但用法不同，不能互换。

【不同】

1. "他"和"她"指代的是人，"他"指代男性，"她"指代女性，不清楚是男性还是女性或没有必要区分男女时，一般用"他"。"它"指代的是除了人以外的事物或动物：

　　水就是生命，谁也离不开它。（他×　她×）
　　这只小狗很可爱，孩子们都很喜欢它。（他×　她×）
　　我爷爷现在退休了，他以前是教师。（她×　它×）
　　姐姐的身体不好，她经常生病。（他×　它×）
　　天太黑了，看不清他是男是女。（她×　它×）

　　2. "他"可以用在和"你""我"并列的句子中表示泛指，这时的"他"和"你"并不是指具体的某个人；"她"和"它"没有这样的用法：

　　你也说，他也说，大家都争着发言。（她×　它×）
　　你做一个菜，他做一个菜，一桌菜很快就做好了。（她×　它×）
　　我吃一个，他吃一个，一袋水果一下子就吃完了。（她×　它×）

　　3. "她"在书面语中可以用于称呼自己尊敬、热爱的事物，如祖国、故乡、山河等；"他"和"它"没有这样的用法：

　　我时时刻刻都在想念她——我的家乡。（他×　它×）
　　祖国是我的母亲，我永远爱她。（他×　它×）

太 tài（副 excessively, too, over）
真 zhēn（副 really, indeed）

【相同】

　　都是副词，做状语，表示程度高。修饰消极意义的词语时常可互换，但语气有不同。"太"是强调的语气，强调过分、过度；"真"是感叹的语气：

　　房间太脏，你快打扫打扫吧。（真√）
　　这个字真难，我不会写。（太√）

【不同】

1.修饰积极意义的词语、且句末没有"了"时,"太"和"真"都可以用,但意思不同。用"太"的句子表示不满意的感情色彩,用"真"的句子表示满意和赞美的感情色彩,不能互换:

这个人太聪明。(过分聪明,不满意。)

这个人真聪明!(满意、赞美。)

她今天打扮得太漂亮。(过分漂亮,不满意。)

她今天打扮得真漂亮!(满意、赞美。)

2.用"太"的句子,句末常用"了";用"真"的句子,句末不能有"了",可以有"啊":

李芳唱歌太好听了!(真×)

听到这消息,她太兴奋了!(真×)

收到你的信,我真高兴!(太×)

这几天真冷啊!(太×)

3."太+形容词"可以在否定句中做定语;"真+形容词"不能;"太+形容词"前面可以有"不","真+形容词"不能:

太便宜的东西不一定好。(真×)

我不喜欢太深的颜色。(真×)

不太好 不太难 不太容易 不太复杂(真×)

听 tīng(动 listen,obey)   听到 tīngdào(动 hear)
听见 tīngjiàn(动 hear)

【相同】

都是动词,指用耳朵接受声音。"听"不能和"听到""听见"互换,"听到"和"听见"经常可以互换:

你听到什么声音没有?(听见√ 听×)

还没到教室，我就听见她的笑声了。(听到 √　听 ×)

【不同】

1. "听"只指耳朵接受信息这个动作，不表示听话者得到了声音信息；"听到""听见"表示用耳朵接受信息，并且得到了所听的信息：

你听，房间里好像有人在唱歌。(听到 ×　听见 ×)

我听见房间里有人在唱歌，唱得还不错。(听到 √　听见 ×)

2. "听到"的可以是消息、情况等；"听见"的一般都是具体的声音：

听到那个消息，我很难过。(听 ×　听见 ×)

我听到的情况跟你说的有点儿不同。(听 ×　听见 ×)

3. "听"可以重叠，前面可以有"正、正在、在"等副词，后面可以跟助词"着、过"，还可以带补语；"听到"和"听见"没有这样的用法：

听听　听一下　听一会儿　听着　听过 (听到 ×　听见 ×)

在听　正在听　正听呢 (听到 ×　听见 ×)

这首歌很好听，你听听。(听到 ×　听见 ×)

孩子们正在听老师讲故事呢。(听到 ×　听见 ×)

我听过他讲的相声，很有意思。(听到 ×　听见 ×)

你们都听清楚了吗？(听到 ×　听见 ×)

我听了几遍，还是听不明白。(听到 ×　听见 ×)

4. "听"的前面可以用"没(有)""不"；"听到"和"听见"的前面只能用"没(有)"否定，不能用"不"：

你睡觉前听不听音乐？(听到 ×　听见 ×)

昨天我没去听他的音乐会。(听到 ×　听见 ×)

刚才我叫你，你没听到？(听见 √　听 ×)

同学 tóngxué（名 schoolmate）　　　学生 xuésheng（名 student）

【相同】

都是名词，指在学校学习的人，量词都可以用"个、位、名"：

一个同学（学生√）　几位学生（同学√）　三名同学（学生√）
每个班有二十五个同学。（学生√）
老师说这个活动每个学生都要参加。（同学√）

【不同】

1. "同学"表示在同一个班或者同一个学校学习的人；"学生"表示在学校读书的人，或跟着老师、教练等学习的人：

他是我的大学同学。（学生×）
上星期的同学聚会你去了吗？（学生×）
我是学生，不是老师。（同学×）
那位画家最近收了三个学生。（同学×）

2. "同学"可以是对学生的称呼，前面可以出现人的姓名；"学生"没有这样的用法。

同学，你是哪个班的？（学生×）
同学们，我们现在开始上课。（学生×）
张明同学，请你回答这个问题。（学生×）

W

完 wán（动 complete，end）
完成 wánchéng（动 accomplish，finish）

【相同】

都是动词，做谓语，事情按计划结束、做成。有时可以互换：
这项工作9:00以前能完吗？（完成√）

工作还没完成，你还不能回家。（完 √）

【不同】

1. "完成"后面可以带宾语和补语；"完"不能：

我已经完成了今晚的作业。（带宾语。完 ×）

阿里已经完成了老板布置的任务。（带宾语。完 ×）

2. "完"还表示"结束了、不再继续了"的意思，常用于"会议、故事、前途、生命"等；口语中常说"完了"，意思是"糟了"。"完成"没有这样的用法：

会还没完，你怎么就要走？（完成 ×）

电影完了，咱们赶快走吧。（完成 ×）

鱼儿离开水，生命就完了。（完成 ×）

完了完了，我的护照丢了！（完成 ×）

这次任务他完成得很不错。（带补语。完 ×）

大卫的这一套动作完成得很漂亮，得到了满分。（带补语。完 ×）

3. "完"还可以用在动词后做补语；表示行为结束或东西用尽了，没有了；"完成"没有这样的用法：

写完　说完　看完　听完（≈结束。完成 ×）

吃完　喝完　用完　拿完（≈用尽。完成 ×）

这本书我还没看完。（完成 ×）

电池的电快用完了，得赶快充电。（完成 ×）

忘 wàng（动 forget，neglect）
忘记 wàngjì（动 forget，neglect）

【相同】

都是动词，表示不记得了，以下情况可以互换：

1.后面不带宾语时,常可互换:

过去的事,他全都忘了。(忘记√)

你说的话,我没有忘记。(忘√)

2.后面带简单的动宾短语时,常可互换:

早上走得急,我忘带手机了。(忘记√)

糟了,我又忘了关电脑。(忘记√)

他出门经常忘记带钱包。(忘√)

【不同】

1."忘记"后面可以直接带名词、代词、名词短语、主谓短语及其他动词短语;"忘"后面要加"了",才能带这些宾语:

忘记他 忘记玛丽 忘记过去(代词、名词。忘× 忘了√)

忘记老朋友 忘记不愉快的事(名词短语。忘× 忘了√)

忘记你是谁 忘记事情怎么发生的(主谓短语。忘× 忘了√)

忘记向他解释 忘记把事情告诉你(动词短语。忘× 忘了√)

你可千万不要忘记老朋友啊!(忘× 忘了√)

已经忘记自己是怎么来到这里的。(忘× 忘了√)

这件事我忘记向他解释了。(忘× 忘了√)

2."忘"后面可以跟表示处所、地方的补语"在/到……",常说"忘光、忘完、忘掉、忘得一干二净,忘了个干干净净";"忘记"一般不这么用:

我把书忘在教室里了。(忘记×)

他早把我的话忘到一边了。(忘记×)

这件事他早就忘掉了。(忘记×)

他早把老师的话忘了个一干二净/干干净净。(忘记×)

3.常说"难忘、令人难忘、难以忘记",其中的"忘"和"忘记"不能互换:

草原的美令人难忘。(忘记 ×)
虽然已经离开三十多年,但我始终难以忘记故乡。(忘 ×)

> 为 wèi(介 indicating the object of one's act of service, indicating an objective)
> 为了 wèile(介 for, for the sake of;连 in order to)

【相同】

都是介词,引出原因或目的A,有时可以互换:

就为这件事,他激动了整整一夜。(为了 √)

他为救儿童献出了自己年轻的生命。(为了 √)

我为了这次活动花了不少时间。(为 √)

他为了写好汉字,每天都在练习。(为 √)

【不同】

1. "为A"主要表示原因,多放在主语之后;"为了A"主要表示目的,可以放在主语后面,也可以放在主语前面:

你们怎么能为这么一点儿小事(A)就吵个不停?(为了 √)

为了实现自己的理想(A),我一直在努力。(为 ×)

为了孩子,无论多辛苦她都高兴。(为 ×)

他这么做也是为你好。(为了 √)

我为这件事难过了好几天。(为了 √)

2. "为"还可以引发动作行为的对象,相当于"给、替";"为了"不能:

我想请玛丽再为大家唱首歌。(≈给。为了 ×)

朋友们为哈里准备了许多生日礼物。(≈给。为了 ×)

哈里得了冠军,大家都为他高兴。(≈替。为了×)

> 为了 wèile(介 used to show purpose or reason;连 in order to)
> 因为 yīnwèi(介 because of, on account of;连 because)

【相同】

都是介词,指出或引出动作行为的原因,"因为"比"为了"更常用。在单句中有时可以互换:

大家都因为这件事感到高兴。(为了√)

我不可能因为这点小事生他的气。(为了√)

因为工作,我和她最近联系比较多。(为了√)

【不同】

1. "因为……而""是因为"表示原因,"为了……而""是为了"表示目的,不能互换:

他并没有因为困难而放弃努力。(为了×)

让我们一起为了理想而努力吧!(因为×)

他今天没来上课,是因为家里有事。(是为了×)

他这么做是为了不花父母的钱。(是因为×)

2. 都有连词的用法,可以连接两个分句,但意思不同,不能互换。"因为……"表示原因,"为了……"表示目的:

因为天气不好,所以飞机不能按时起飞。(为了×)

因为失误较多,红队最后输给了蓝队。(为了×)

为了学好汉语,阿里决定去北京留学。(因为×)

为了方便读者,学校图书馆全天开放。(因为×)

X

> 希望 xīwàng（动 hope, wish, expect；名 hope, wish）
> 愿意 yuànyì（动 wish, like, be willing）

【相同】

都是动词，表示想要某种情况出现或发生，有时可以互换，但意思有不同。"希望"表示想达到某种目的或出现某种情况，是对未来的期待和要求；"愿意"表示符合自己的心愿，同意做某事：

他们<u>希望</u>和我们一起去。（愿意 √）

我们也不<u>愿意</u>发生这样的事情。（希望 √）

【不同】

1.明确表示对未来的期待、要求时，用"希望"；明确表示同意做某事时，用"愿意"：

我<u>希望</u>爸爸妈妈永远年轻。（愿意 ×）

妈妈<u>希望</u>我长大后当一名医生。（愿意 ×）

他最不<u>愿意</u>洗碗。（希望 ×）

这个房间没有空调，大家都不太<u>愿意</u>住。（希望 ×）

2."希望"要带宾语；"愿意"可以不带宾语。"希望"可以放在句子的开头，前面没有主语；"愿意"没有这样的用法：

<u>希望</u>明天所有人都能参加这次会议。（愿意 ×）

<u>希望</u>明天会更好。（愿意 ×）

妈妈让小丽学音乐，小丽不<u>愿意</u>。（希望 ×）

帮他搬家我<u>愿意</u>，你<u>愿意</u>吗？（希望 ×）

3."希望"还是名词,可以做主语、宾语,指想要达到的目的或出现的情况,也可以表示希望所寄托的对象;"愿意"没有这样的用法:

我的<u>希望</u>一定能够变成现实。(愿意 ×)

青少年是国家未来的<u>希望</u>。(愿意 ×)

> 希望 xīwàng(动 hope, wish, expect;名 hope, wish)
> 祝 zhù(动 used to express good wishes)

【相同】

都是动词,表达对人、对事的良好愿望,有时可以互换:

我<u>祝</u>你这次考试取得好成绩。(希望 √)

我<u>希望</u>你成功。(祝 √)

【不同】

1."祝"常用于在特别的场合或节日表达对别人的祝福或祝愿;"希望"一般不这样用:

<u>祝</u>你生日快乐!(希望 ×)

老师,<u>祝</u>您节日快乐,身体健康!(希望 ×)

2."希望"表示心里很想实现某个目的或出现某种情况,是对未来的期待和要求,前面可以有"很、不、非常"等程度副词;"祝"没有这样的用法:

我很<u>希望</u>你能来。(祝 ×)

我非常<u>希望</u>我们能早日见面。(祝 ×)

3."希望"还有名词用法;"祝"没有:

有梦想就有<u>希望</u>。(祝 ×)

努力学习,顺利考上大学,这是我对你的<u>希望</u>。(祝 ×)

> ~下来 xiàlái（动 come down） ~下去 xiàqù（动 go down）

【相同】

都是动词，用在动词后面做补语，表示由高处到低处，也可以表示动作行为的继续。但意思和用法都有不同，不能互换。

【不同】

1. 表示由高处到低处时，"~下来"是向着说话人的方向，"~下去"是离开说话人的方向：

太高了，我不敢从这儿跳下去。（说话人在上面。下来×）

你跳下来，我在下面接着你。（说话人在下面。下去×）

从这里走下去就到地下停车场了。（下来×）

你比我高，帮我把上面的书拿下来。（下去×）

2. 表示动作行为的继续时，"~下来"表示从过去继续到现在，"~下去"表示从现在继续到将来：

这一路跑下来，我还真累了。（从说话前某个时候跑到说话的时候。）

你累不累？还要跑下去吗？（跑到说话以后。）

几年学下来，现在我已经能看懂中文报纸了。（下去×）

不管汉语多难，我也要学下去。（下来×）

你说下去，我听着呢。（下来×）

这部电影没什么意思，我不想看下去了。（下来×）

3. "下来"可以用在"写、记、画、停、住"等动词后面，表示动作的完成结果，动词后可以加"了"；"下去"没有这样的用法：

车停下来没一会儿，又开走了。（下去×）

我拿张纸记下来，等会儿。（下去×）

你刚住下来，先休息一下，我晚上过来见你。（下去×）

4. "下来"常用在"瘦、阴、慢、黑、软、凉、安静、冷静"等形容词后面，表示状态开始出现并继续；"下去"常用在"瘦、胖、热、冷、疼、努力"等形容词后面，表示状态已经存在并继续存在：

他跑了一个月步，慢慢瘦下来了。（开始瘦。）

你这么瘦下去，会生病的。（已经瘦了，还继续瘦。）

现在6:00不到，天就黑下来了。（下去×）

开会了，大家快安静下来。（下去×）

天气再这么热下去，我就受不了了。（下来×）

希望你继续努力下去。（下来×）

相同 xiāngtóng（形 the same, equal）
一样 yīyàng（形 the same, alike）

【相同】

都是形容词，表示事物之间没有差别。做谓语、定语时，经常可以互换，"相同"强调是同一种、同一个，多用于书面语；"一样"强调两者之间没差别，多用于口语：

我俩性格爱好都相同，很快成为了好朋友。（一样√）

我有两本相同的书，送你一本。（一样√）

这两件衣服样式一样，只是颜色不一样。（相同√）

这俩小姑娘穿着一样的衣服，就像两姐妹。（相同√）

【不同】

1.在书面语或正式场合，多用"相同"。"相同"有时可以直接做定语，后面不加"的"；"一样"不能：

相同点　相同方式　相同结果　相同含义（一样×）

我们准备在相同环境中，再次讲到相同的实验。（一样×）

意义相同或基本相同的词，叫作"近义词"。（一样×）

这两个人具有相同的性格特点。（一样×）

不同的语言可以采用相同的文字。（一样×）

2. "一样"可以用在形容词或动词前做状语,还可以组成"跟……一样";"相同"没有这样的用法:

一样好　一样高　一样聪明　一样能干(相同 ×)

一样高兴　一样着急　一样喜欢　一样想念(相同 ×)

一样大小的房子,这儿比市区的便宜多了。(相同 ×)

我跟你一样喜欢旅行。(相同 ×)

3. "一样"可以用于"我也一样""大家都一样"这样的句子中;"相同"没有这样的用法:

他想家,我也想家,我们都一样。(相同 ×)

你吃面包?那我也一样吧。(相同 ×)

4. "一样"可以和"像、和、跟"一起使用,组成"像/和/跟……一样",表示两个事物有相似之处;"相同"没有这样的用法:

这床单洗得真干净,白得像雪一样。(相同 ×)

他跟平时一样,7:00就起床了。(相同 ×)

想 xiǎng(动 want to, miss, think)
要 yào(动 want to, must, should, will)

【相同】

都是动词,可以用在动词前,表示做某事的愿望,否定句都用"不想"。有时可以互换:

下午我想去见一个朋友。(要 √)

下午我不想去见朋友。(不要 ×)

杰克说他以后要当医生。(想 √)

杰克说他以后不想当医生。(不要 ×)

【不同】

1. "想"表示愿望或者打算,可能还没决定,前面可以有程度副词"很、非常、特别"等;"要"强调做某事的意志,用"要"时,发生动作行为的可能性比较大,前面可以加"一定、坚决、坚持"等:

我们想去三亚旅游,但还没最后决定。(要×)

我们要去三亚旅游,机票已经买好了。(想×)

她说她很想参加,但没时间。(要×)

我现在特别想吃妈妈做的红烧肉。(要×)

明年春节,我一定要回家过年。(想×)

他坚持要去,就让他去吧。(想×)

2. "要"用在动词前,可以表示从道理上应该、必须,还可以表示事情在很短的时间内就会发生,相当于"就要";"想"没有这样的用法:

我要给孩子做饭,就不跟你一起去了。(≈必须。想×)

你一个人去要小心点儿,注意安全。(≈必须。想×)

要下雨了,快走。(≈就要。想×)

明天要考试了,我再看一会儿书。(≈就要。想×)

3. 都可以单独做谓语。"想"可以表示思考、想念等意思;"要"可以表示希望得到、需要、要求等意思:

我想一想再告诉你。(≈思考。要×)

一到春节,我就非常想家。(≈想念。要×)

你要100块钱干什么?(≈希望得到。想×)

这样一件衣服要500块,太贵了。(≈需要。想×)

公司要我下星期去北京出差。(≈要求。想×)

4. "不想"表示没有做某事的愿望,一般不用于祈使句;"不要"常用来表示对他人的劝告和要求,一般用于祈使句:

我不想这么早休息。(要×)

你不要开得太快,注意安全。(想×)

大家早点休息,明天不要迟到。(想×)

想 xiǎng（动 want to, miss, think）
愿意 yuànyì（动 wish, like, be willing）

【相同】

都是动词,都有希望、打算做某事的意思。都可以受副词"不、很、非常、特别"等的修饰。有时可以互换,但意思有不同。"愿意"强调某事或某种情况符合自己的心意,同意去做,常常是被动的;"想"则强调打算要去做,常常是主动的:

小林不太想出国留学。(愿意 √)

你想跟我一起去吗?当然想!(愿意 √)

他很愿意帮你。(想 √)

【不同】

1.明确表示主动的打算时,用"想";明确表示被动的同意时,用"愿意":

听说马尔代夫的景色特别美,我很想去看看。(愿意 ×)

我想将来当医生,你觉得怎么样?(愿意 ×)

爸爸让小林学钢琴,小林不愿意。(想 ×)

我想和你做朋友,你愿意吗?(愿意 × 想 ×)

我想去书店,你愿意陪我去吗?(愿意 × 想 ×)

2."想"有"思考、考虑""想念""估计、认为"等意思;"愿意"没有这些意思:

我想了半天才想起他的名字。(≈思考。愿意 ×)

这道题有点难,你得让我想想。(≈思考。愿意 ×)

一个人在国外生活,特别想家。(≈想念。愿意 ×)

我想他一定会来的。(≈认为。愿意 ×)

> 想出来 xiǎng chūlái（动 figure out, come up with）
> 想起来 xiǎng qǐlái（动 think of, remember）

【相同】

都是动词短语，有"想"的意思。但意思和用法都不同，不能互换。

【不同】

1.都可以用于"办法、名字、题目、答案"等，"想出来"表示所想的东西是以前不知道或没有的，通过想，终于知道了或出现了，即从无到有；"想起来"表示所想的东西是曾经知道的，后来又忘了，现在通过想，又再次出现在脑子里了：

我想起来一个办法，是玛丽以前教给我的。（想出来×）

我想出来一个办法，你们看怎么样？（想起来×）

这个人的名字我一下子想不起来了。（想不出来×）

他想给孩子取个好名字，可想来想去也想不出来。（想不起来×）

2."想起来"的还可以是某件事、某个问题、某个人或地址、电话号码、情况等；"想出来"没有这样的用法：

想起来了，我们是在一起吃过饭。（想出来×）

我想起来了一件事，我下午要去见一个朋友。（想出来×）

你说的这个人我想起来了，他是大卫的朋友。（想出来×）

> 小时 xiǎoshí（名 hour） 钟头 zhōngtóu（名 hour, o'clock）

【相同】

都是名词，指时间单位，表示60分钟。都可以做主语和宾语，都可以受数量短语的修饰。经常可以互换：

想出来　想起来；小时　钟头；小心　注意

我花了三个<u>小时</u>才把作业做完。（钟头 √）
你这几个<u>钟头</u>都干什么了？（小时 √）
一个<u>钟头</u>就是一个<u>小时</u>。（小时 √　钟头 √）

【不同】

1."小时"可以用于书面语，也可以用于口语；"钟头"一般用于口语：

地球自转一周大约为24个<u>小时</u>。（钟头 ×）
列车以每个<u>小时</u>360公里的速度前进。（钟头 ×）
我等了他快一个<u>钟头</u>了。（小时 √）

2."小时"可以直接用在数词后面；"钟头"和数词之间一定要有"个"：

你必须在24<u>小时</u>之内完成这项任务。（钟头 ×）
手术前的6<u>小时</u>不能吃东西。（钟头 ×）
<u>1小时</u>等于60分钟。（钟头 ×）
路上花了3个<u>钟头</u>，天黑才赶到地方。（小时 √）

3.当后面出现分钟时，只能用"小时"，不能用"钟头"：

比赛一共用时3个<u>小时</u>20分钟。（钟头 ×）
我1<u>小时</u>20分钟就做完了所有题目。（钟头 ×）

小心 xiǎoxīn（动 take care，be careful；形 cautious）
注意 zhùyì（动 pay attention to，take notice of）

【相同】

都是动词，表示人做事时集中精神，认真仔细。有时可以互换：

路上人多车多，开车一定要<u>小心</u>。（注意 √）
他刚才不<u>注意</u>摔了一跤。（小心 √）

【不同】

1. "小心"后面常常是要避免发生的事情;"注意"后面则是应该做的、需要重视的事情:

小心摔倒。(注意×)

小心老鼠把东西都偷吃了。(注意×)

外出要注意安全。(小心×)

学外语的时候要注意发音。(小心×)

2. "小心"的前面只能用"不"否定,"不小心"强调做事马虎,不仔细。"注意"前面可以用"不"或者"没"否定,"不注意"强调不重视,不认真对待;"没注意"则强调没把精神集中在某人或事物上:

我不小心把手机弄坏了。(注意×)

他不小心多写了个零,把一百写成了一千。(注意×)

你再不注意减肥的话就要变成大胖子了。(小心×)

很多孩子不注意保护眼睛,所以很早就近视了。(小心×)

我没注意他来没来开会。(小心×)

老师讲了什么?我刚才没注意听。(小心×)

3. 都可以单独使用,但意思不同。"小心"是提醒别人集中精神,避免发生意外;"注意"还可以提醒别人重视,不要出错:

小心!路上很滑。(注意√)

前面很黑,小心!(注意√)

注意!这两个词的用法不一样。(小心×)

注意!这种药一定要在饭后吃。(小心×)

4. "小心"有形容词用法,前面可以出现"很、十分"等表示程度的副词;"注意"没有这样的用法:

他做事特别小心。(注意×)

这个花瓶很贵,拿的时候要十分小心。(注意×)

新 xīn(形 new, fresh, up-to-date;副 recently, lately)
新鲜 xīnxiān(形 fresh, new, original)

【相同】

都是形容词,做定语和谓语,形容以前没有的、刚刚出现的事物。有时可以互换,但感情色彩稍有不同。"新鲜"表现出说话人感兴趣、喜欢的感情色彩;"新"没有这种感情色彩:

他在传统音乐中加入了一些<u>新</u>的内容。(新鲜 √)

你在上海看到什么<u>新鲜</u>的东西,给我们讲讲。(新 √)

【不同】

1. "新"多用于形容没有用过的东西,过去不存在或没见过的事物,跟"旧"相对;"新鲜"多用于形容蔬菜水果刚出来,食物没有变质,没有经过加工,也指没有杂质的:

<u>新</u>书　<u>新</u>衣服　<u>新</u>课本　<u>新</u>手机　<u>新</u>车　<u>新</u>家具(新鲜 ×)

<u>新</u>的一年　<u>新</u>城市　<u>新</u>地方　<u>新</u>学生　<u>新</u>学校　<u>新</u>想法(新鲜 ×)

<u>新鲜</u>蔬菜　<u>新鲜</u>水果　<u>新鲜</u>空气　<u>新鲜</u>鱼　<u>新鲜</u>肉(新 ×)

她这件<u>新</u>衣服真好看!(新鲜 ×)

旧电脑不好用,我得买一台<u>新</u>电脑了。(新鲜 ×)

今天的鱼很<u>新鲜</u>,多吃点儿吧!(新 ×)

医生让他多吃<u>新鲜</u>的蔬菜水果。(新 ×)

2. "新鲜"可以形容人对环境、事物的感觉;"新"不能:

刚到上海时,她觉得一切都很<u>新鲜</u>。(新 ×)

这可真是件<u>新鲜</u>事!(新 ×)

3. "新"还有副词用法,用在动词前做状语,表示刚刚出现的;"新鲜"没有这样的用法:

我是<u>新</u>来的。(新鲜 ×)

这就是他们家<u>新</u>买的房子。(新鲜 ×)

> 需要 xūyào（动 need, require；名 needs）
> 要 yào（动 need, want, want to, ask sb. to do sth.）

【相同】

都是动词，做谓语。表示应该有或必须有，后面带宾语。常可互换：

我自己能行，不需要你帮忙。（要√）

我们需要研究一下才能决定。（要√）

从学校到家里要半个小时。（需要√）

他要这本词典，你给他拿去。（需要√）

【不同】

1. "需要"可以受"很、非常、特别"等程度副词修饰；"要"不能：

这本书我非常需要。（要×）

我很需要您的帮助。（要×）

我们不太需要这些东西。（要×）

2. "需要"有名词用法，表示做某事应该有的东西；"要"没有这样的用法：

老师要了解学生的需要，才能更好地进行教学。（要×）

改革是发展的需要。（要×）

3. "要"可以表示要求、请求，表示想（做某事），表示从道理上应该、必须，表示事情在很短的时间内就会发生；"需要"没有这样的用法：

老师要我们把这些练习题做完。（≈要求。需要×）

今年暑假我要学游泳。（≈想。需要×）

你是哥哥，要多照顾弟弟。（≈应该。需要×）

我的朋友下个月要来中国。（≈就要。需要×）

学 xué（动 study，learn）　　　学习 xuéxí（动 study，learn）

【相同】

都是动词，表示通过阅读、听课、练习等活动得到知识或技能，后面都可以带宾语。经常可以互换。"学习"比"学"更正式，用于书面语和口语；"学"多用于口语：

学汉语　学知识　学文化　学开车　学打球（学习 √）
他想学英语，我想学法语。（学习 √）
你晚上一般学习到什么时候？（学 √）

【不同】

1. "学"后面可以带"会、懂、好"等补语；"学习"不能：

学会　没学会　学不会　学得会（学习 ×）
学好　没学好　学不好　学得好（学习 ×）
这几个生词的意思和用法，我没学懂。（学习 ×）
学好一门外语不是件容易的事情。（学习 ×）
这个动作太难，我学不会。（学习 ×）

2. 动词后面带含"得"的补语时，一般用"学"，不用"学习"；"学"还可以组成"学一学"，"学习"不能：

大家学得很认真，学得也很快。（学习 ×）
子浩数学学得很好。（学习 ×）
听说你在学游泳，我也想跟着学一学，行吗？（学习 ×）

3. "学习"还常做定语，也可以做主语、宾语；"学"没有这样的用法：

学习成绩　学习情况　学习时间　学习方法　学习习惯（学 ×）
这个班的学生学习成绩都很好。（定语。学 ×）
学习是一件快乐的事情。（主语。学 ×）
他从小就爱学习，爱看书。（宾语。学 ×）

Y

> 要 yào（动 need, want, want to, ask sb. to do sth.）
> 要求 yāoqiú（动 ask for, demand, request；名 requirement）

【相同】

都是动词，可以用在"A要/要求B……"的句式中（A、B都是人），表示A请求或希望B做某事。但"要求"的使用场合更正式，而"要"的语气更强硬，也更口语化：

老师（A）要求我们（B）上课不要迟到。（要√）

妈妈（A）要我（B）这次考试一定拿到A。（要求√）

哈利（A）要我（B）给他帮忙搬家。（要求√）

【不同】

1. 当表示主观意愿较强时，"要"的前面一般有"一定、肯定"，而"要求"的前面常有"强烈、多次、坚决"等：

他一定要我今天把东西送过去。（要求×）

工人们强烈要求老板增加工资。（要×）

2. "要"还可以用在其他句式中（不是"A要B"的句式），表示某个人想做某事的意志，相当于"打算、想"；还表示希望得到、需要、就要等意思。"要求"没有这样的用法：

今晚我要看足球比赛。（≈打算。要求×）

我要学太极拳，你教我吧。（≈想。要求×）

我要一个面包、一杯牛奶。（≈希望得到。要求×）

从北京到巴黎坐飞机要几个小时？（≈需要。要求×）

要下雨了，快点回家吧！（≈就要。要求×）

3. "要求"还是名词,可以做主语、宾语,指提出的请求或条件;"要"没有这样的用法:

这样的<u>要求</u>实在太过分了!(要 ×)

我们会尽量满足你们的<u>要求</u>。(要 ×)

也 yě(副 also, too)　　　又 yòu(副 also, in addition, again)

【相同】

都是副词,做状语,用于"A,也/又B"中,表示同一事物同时具有两个特点或性质,或两种情况同时存在。此时,A、B主语相同,常可互换:

我不发烧,<u>也</u>不咳嗽,休息一下就好了。(又 √)

她的汉语说得很清楚,<u>也</u>很流利。(又 √)

他声音很好听,说话<u>又</u>有趣,所以很受欢迎。(也 √)

【不同】

1. "也"常表示两个不同的人或事物具有相同的情况,此时前后两个句子的主语不同;"又"没有这样的用法:

你们去,我<u>也</u>去。(又 ×)

你没考好,我<u>也</u>没考好。(又 ×)

草绿了,树叶<u>也</u>绿了。(又 ×)

2. "又"常表示同一动作行为或情况重复出现,也可以表示动作行为情况先后出现;"也"没有这样的用法:

上次我们去的那个地方,我昨天<u>又</u>去了。(也 ×)

我昨天复习了两个小时,今天<u>又</u>复习了一个上午。(也 ×)

时间过得真快,<u>又</u>要开学了。(也 ×)

他做完作业,<u>又</u>听了20分钟英语。(也 ×)

3. "又……又……"表示几种行为同时进行,或两种性质特点同时存在，前面的主语一般相同；"也……，也……"表示并列的行为、情况，前面的主语一般不同：

小朋友们又唱又跳，玩得可开心了。（也×）
又聪明又漂亮的女孩当然受欢迎。（也×）
饭也吃了，茶也喝了，我该走了。（又×）
现在风也停了，雨也停了，我们走吧。（又×）

一点儿 yīdiǎnr（数量 a bit, a little）
一些 yīxiē（数量 some, a few, a little）

【相同】

都是数量短语，以下情况下经常可以互换：

1.表示不确定而又不多的数量，做宾语或定语。不过"一点儿"表示的数量更少：

我吃不了这么多饭，给你一点儿吧。（一些√）
冰箱里还有一些巧克力，你要不要？（一点儿√）

2.表示不高的程度，用在形容词之后，不过"一点儿"表示的程度更低，此时"一"可以省略：

高一点儿　热一点儿　长一点儿　难一点儿　容易一点儿　高兴一点儿　方便一点儿（一些√）
你比她瘦一点儿，穿这条裙子更好看。（一些√）
你最近胖了一点儿。（一些√）
这次考试比上次容易一些。（一点儿√）

【不同】

1."一点儿"和"一些"都可以用于抽象事物；"一些"可以用于人，"一点儿"一般不用于人：

一点儿时间　一点儿问题　一点儿麻烦　一点儿事情（一些√）

<u>一些</u>人　<u>一些</u>学生　<u>一些</u>朋友　<u>一些</u>医生（一点儿 ×）
给我<u>一点儿</u>时间，我会做好的。（一些 √）
他工作上遇到了<u>一些</u>麻烦，心情不好。（一点儿 √）
我的<u>一些</u>朋友很喜欢看足球比赛。（一点儿 ×）
<u>一些</u>人自己不做，就喜欢说别人。（一点儿 ×）

2.形状小的具体事物，"一点儿""一些"都能用，形状比较大的具体事物用"一些"。可以计数的事物，多用"一些"；不可计数的事物，多用"一点儿"：

<u>一些</u>药　<u>一些</u>水果　<u>一些</u>米饭　<u>一些</u>点心　<u>一些</u>钱（一点儿 √）
<u>一些</u>树　<u>一些</u>书　<u>一些</u>桌子　<u>一些</u>学校　<u>一些</u>地方（一点儿 ×）
下午我喜欢喝杯咖啡，再吃<u>一些</u>点心。（一点儿 √）
我打算在门口种<u>一些</u>树。（一点儿 ×）
过几天我们再去<u>一些</u>中学看看。（一点儿 ×）

3."一点儿"主要表示数量少，"一些"主要表示数量不确定。如果只表示数量不确定但不表示"少"，要用"一些"，不用"一点儿"：

他过去给过我<u>一些</u>帮助，我非常感激他。（一点儿 ×）
李老师回答了同学们提出的<u>一些</u>问题。（一点儿 ×）

4.可以说"没有一点儿……"，也可以说"一点儿都不/没……、一点儿也不/没……"；"一些"没有这样的用法：

这件事交给他做，没有<u>一点儿</u>问题。（一些 ×）
我<u>一点儿</u>也不饿，我等会儿吃。（一些 ×）
作业我<u>一点儿</u>都没做，怎么办？（一些 ×）

一点儿 yīdiǎnr（数量 a bit, a little）
有点儿 yǒudiǎnr（副 a bit, a little, somewhat；动 have a little）

【相同】

都表示程度不高，都可以跟形容词或心理活动动词搭配。但意思和用法都有不同，不能互换。

【不同】

1. 都可以和形容词"大、小、多、少、高、矮、重、轻、长、短、早、晚"等搭配，但在句中的位置不同。"一点儿"用在形容词后做补语，常用于比较；"有点儿"用在形容词前做状语：

我觉得这条裙子贵了<u>一点儿</u>。（有点儿×）

我觉得这条裙子<u>有点儿</u>贵。（一点儿×）

今天比昨天冷<u>一点儿</u>，但风没昨天大。（有点儿×）

今天<u>有点儿</u>冷，穿件外套。（一点儿×）

2. "有点儿"可以用在表示消极意义的心理动词和形容词前，做状语，表示性质状态的程度不高；"一点儿"没有这样的用法：

<u>有点儿</u>累　<u>有点儿</u>疼　<u>有点儿</u>着急　<u>有点儿</u>担心（一点儿×）

<u>有点儿</u>难受　<u>有点儿</u>生气　<u>有点儿</u>不高兴（一点儿×）

我<u>有点儿</u>累了，想早点休息。（一点儿×）

我发现他今天<u>有点儿</u>不高兴。（一点儿×）

3. "一点儿"可以用在表示积极意义或中性意义的形容词后做补语，表示性质状态有一些变化；"有点儿"没有这样的用法：

吃了药，我现在舒服<u>一点儿</u>了。（有点儿×）

苹果有点儿贵，便宜<u>一点儿</u>行吗？（有点儿×）

4. "一点儿"还是数量短语，用在名词前做定语，表示少而不定的数量，还可以组成"一点儿都/也+不/没+形容词/动词"的格式；"有点儿"没有这样的用法：

家里的水果都吃完了，你去买<u>一点儿</u>水果吧。（有点儿×）

你饿了的话，先吃<u>一点儿</u>东西。（有点儿×）

他虽然是第一次参加比赛，但<u>一点儿</u>也不紧张。（有点儿×）

晚饭他<u>一点儿</u>都没吃。（有点儿×）

5. "有点儿"还是短语（动词+量词），相当于"有+一点儿"，后面带宾语；"一点儿"没有这样的用法：

地上有点儿水,小心点儿。(一点儿 ×)
家里还有点儿青菜,不用买了。(一点儿 ×)

一块儿 yīkuàir(副 together;名 at the same place)
一齐 yīqí(副 at the same time,simultaneously)
一起 yīqǐ(副 together;名 in the same place)

【相同】

都是副词,做状语,表示两个或两个以上的人共同行动。行为发生在同一时间、同一空间时,可以替换:

大家一起大声喊:"阿里,加油!"(一齐 √ 一块儿 √)
话音刚落,全场观众一齐笑起来。(一起 √ 一块儿 √)
玛丽,咱们一块儿走吧!(一起 √ 一齐 √)

【不同】

1. "一起"和"一块儿"强调空间的同一,表示不同的人在同一地点共同行动,有"共同"的意思;"一齐"强调时间的同一,表示不同的人在同一时间有相同的行为,有"同时"的意思。有时可以互换,但意思有差别:

玛丽和山本一起/一块儿离开了广州。(在同一时间相伴离开。)
玛丽和山本一齐离开了广州。(同时离开,但不一定相伴。)
行李和人一起/一块儿到达。(行李和人在同一时间同一空间到达。)
行李和人一齐到达。(行李和人同时到达,但不一定在同一空间。)

2. 如果行为的空间范围同一,时间同一,或者强调在一个地方、相伴着,用"一起"或"一块儿";如果行为的时间同一,空间不同一,用"一齐"。"一齐"强调时间的一致,动作行为的整齐,不可能同时开始的行为不能用"一齐":

今天晚上,咱们一起去看电影吧!(一块儿 √ 一齐 ×)

明天我把两篇论文一起交给您。(一块儿√　一齐×)
几家工厂如果一齐开工,用电就是个问题。(一起×　一块儿×)
上午8:00,学生们一齐从各个学校出发。(一起×　一块儿×)

3."一块儿"用于口语,书面化的句子一般不用"一块儿":

我永远忘不了我们一起度过的时光。(一齐×　一块儿×)
广场上数百只和平鸽一起飞向天空。(一齐√　一块儿×)

4."一起""一块儿"还有名词用法,常说"在一起/一块儿、到一起/一块儿";"一齐"没有这样的用法:

他们两人在一起上班。(一块儿√　一齐×)
麻烦你帮我把这几本词典放在一起。(一块儿√　一齐×)
请你把这些行李搬到一块儿。(一起√　一齐×)

一些 yīxiē(数量 some, a few, a little)
有些 yǒuxiē(代 some;副 somewhat, rather;动 have some...)

【相同】

都可以表示人或事物中的一部分。可以连用,组成"有些/一些……,有些/一些……",此时可以互换:

房间里的人,一些是我的朋友,一些是我的亲戚。(有些√)
草地上,有些孩子在玩游戏,有些孩子在踢球。(一些√)

【不同】

1.不连用时,"一些"只做宾语或宾语的定语;"有些"只做主语或主语的定语:

我走的时候,他送了我一些书。(宾语的定语。有些×)
米饭太多了,给你一些。(宾语。有些×)
老师讲了两遍,有些同学还是没听懂。(主语的定语。一些×)
他们都是我的朋友,有些还是交往多年的老朋友。(主语。一些×)

2. "一些"和"有些"都可以表示程度，但位置不同。"一些"用在形容词后做补语；"有些"用在形容词或心理动词前做状语：

我觉得你穿这条裙子更好看一些。（有些 ×）
这里的东西很好，就是贵了一些。（有些 ×）
第一次给学生上课，我有些紧张。（一些 ×）
看到这种情况，我真有些生气。（一些 ×）

3. "一些"可以表示少而不定的数量，做宾语或定语；"有些"没有这样的用法：

你吃不完的话，给我分一些吧。（宾语。有些 ×）
家里要来客人，我去买一些菜。（定语。有些 ×）

4. "有些"还是短语（动词+量词），相当于"有一些"，用在名词前；"一些"没有这样的用法：

我在这里有些朋友，可以找他们帮帮忙。（一些 ×）
我还有些事情要做，先走了。（一些 ×）

一直 yīzhí（副 always, continuously, straight）
总是 zǒngshì（副 always）

【相同】

都是副词，做状语，表示行为或状态从过去到现在都是这样，没有变化。有时可以互换，但"一直"强调持续性，"总是"强调经常性：

最近天气一直不好。（总是 √）
这个学期我总是见不到他。（一直 √）

【不同】

1. "一直"主要强调行为状态持续不断；"总是"强调习惯性、经常发生、次数多，有中断。有时互换后句子成立，但意思不同。语义

明确时不能互换:

王老师<u>总是</u>忙到天黑才下班。(经常忙到天黑。)

王老师<u>一直</u>忙到天黑才下班。(不停地忙到天黑。)

这个星期我<u>总</u>是睡不着。(一直 ×)

昨晚我<u>一直</u>睡不着。(总是 ×)

2. "一直"表示动作行为持续进行或状态持续不变,没有中断,句中常有表示起止点的时间词语;此时不能用"总是":

昨天下午我<u>一直</u>在家等你。(总是 ×)

我从9:00<u>一直</u>等到11:00。(总是 ×)

毕业后,我<u>一直</u>在广州工作。(总是 ×)

3. "总是"修饰多次发生的动作行为,句中常有"每",表示每次都是这样,没有例外;此时不能用"一直":

他心情不好的时候,<u>总是</u>找人喝酒。(一直 ×)

每到节假日,我们<u>总是</u>出去旅游。(一直 ×)

每次考数学,他<u>总是</u>第一名。(一直 ×)

4. "一直"可以表示方向不变;"总是"没有这样的用法:

<u>一直</u>往前走,大概走一两百米,就到了。(总是 ×)

你<u>一直</u>往前看,就在那儿。(总是 ×)

有的 yǒude(代 some)

有些 yǒuxiē(代 some;副 somewhat, rather;动 have some...)

【相同】

都是代词,指代人或事物中的一部分,做主语或定语。有时可以互换:

同学们爱好不同,<u>有的</u>喜欢打羽毛球,<u>有的</u>喜欢打篮球。(有些 √)

你买回来的苹果,<u>有些</u>已经坏了。(有的 √)

今天上课，有些同学迟到了。（有的 √）

【不同】

1. "有的"可以指复数，也可以指单数；"有些"只能指复数。在明确表示单数时，只能用"有的"：

公司的年轻人都有英文名，有的叫Kevin，有的叫Billy。（有些 ×）

暑假里我们班的同学有的去北京，有的去上海。（有些 ×）

2. "有些"有副词用法，可以做状语，表示程度不高，多修饰消极意义的心理动词或形容词；"有的"没有这样的用法：

老师，我有些不舒服，想请假回家。（有的 ×）

这件衣服有些贵，我不想买。（有的 ×）

3. "有些"还是短语（动词+量词），相当于"有一些"，可以带宾语；"有的"没有这样的用法：

我有些东西还放在办公室，得回去一趟。（有的 ×）

你有时间吗？我有些事情要跟你谈谈。（有的 ×）

有点儿 yǒudiǎnr（副 a little，somewhat；动 have a little）

有些 yǒuxiē（代 some；副 somewhat，rather；动 have some）

【相同】

1. 都是副词，表示程度不高，"有些"的程度比"有点儿"稍高。都可以修饰单音节形容词"大、小、多、少"等。经常可以互换：

有些大　有些小　有些多　有些少　有些高（有点儿 √）

有点儿早　有点儿晚　有点儿长　有点儿轻　有点儿重（有些 √）

2. 都可以修饰消极意义的形容词或心理动词，经常可以互换：

有点儿累　有点儿冷　有点儿着急　有点儿犹豫（有些 √）

有些不舒服　有些不开心　有些不习惯　有些不满意（有点儿 √）

我有点儿冷，把空调关了吧。（有些 √）

丽丽今天好像有些不开心。(有点儿√)

3.都可以作为动词短语(动词+量词),表示数量不多,后面可以带"钱、水、米"等具体事物宾语,也可以带"事情、时间、关系"等抽象事物宾语;"有些"比"有点儿"表示的数量稍多:

有点儿钱　有点儿水　有点儿菜　有点儿水果(有些√)
有些事情　有些时间　有些作用　有些影响(有点儿√)
家里还有点儿菜,就在家里吃吧。(有些√)
这件事对他还是有些影响的。(有点儿√)

【不同】

1.动词短语"有些"后面的宾语可以是人,还可以是"房子、座位、椅子、桌子、书、笔"等;"有点儿"没有这样的用法:

在北京我还有些同学,但毕业后很少联系。(有点儿×)
前面还有些座位,你们坐前面去吧。(有点儿×)

2."有点儿"可以单独回答问题;"有些"不能:

你饿了吧?——有点儿。(有些×)
冷吗?——有点儿。(有些×)

3."有些"还有代词用法,指人或事物中的一部分,可以做主语、定语;"有点儿"没有这样的用法:

包里的东西,有些是同学给的,有些是亲戚给的。(主语。有点儿×)
有些学校今天已经放暑假了。(定语。有点儿×)

又 yòu(副 again)　　　再 zài(副 again)

【相同】

都是副词,做状语,表示情况、行为的重复或继续。用在否定祈使句和假设句中可以互换:

她身体不好,你别又去麻烦她。(否定式祈使句。再√)

护照一定要放好，不要再弄丢了。(否定式祈使句。又√)

如果又考不好，你说怎么办？(假设句。再√)

手机要是再坏了，你最好买新的。(假设句。又√)

【不同】

1. "又"多用于已经发生的行为，动词后一般要有"了"；"再"多用于还没有发生的行为或情况，动词后不能跟"了"：

明天我再去找找他。(又×)

我昨天又去找他了。(再×)

以后有机会，我想再去那儿玩几天。(又×)

我暑假又去那里玩了几天。(再×)

我们没听清楚，他又讲了一遍。(再×)

我们没听清楚，让他再讲一遍。(又×)

2. "再"可以用于肯定祈使句，"又"不能；"再"前可以有否定词"不、没"，"又"不能：

你再给大家唱首歌吧！(肯定祈使句。又×)

再坐一坐吧，还早呢。(肯定祈使句。又×)

我大学毕业后，就没再回过学校了。(又×)

你已经不再年轻了，要注意身体。(又×)

3. "又"和"再"后面都可以跟否定词"不、没"，但意思有不同：

前天他没来上课，今天又没来上课。(又一次没来上课。)

从期中考试到现在，他再没来上课。(期中考试后一直没来上课。)

上次她不愿意去，这次又不愿意去。(又一次不愿意去。)

这里的服务太差，以后我再不来这里吃饭了。(以后不会来。)

4. "又"可以表示情况或现象有规律地重复出现，还可以用在"要、得、想、可以"等词语前；"再"没有这样的用法：

又到春天了，时间过得真快！(再×)

刚吃过饭，我又想吃了。(再×)

事情没办完，明天又得去一趟公司。(再×)

> 越……越…… yuè... yuè...（the more... the more...）
> 越来越…… yuèláiyuè（more and more, increasingly）

【相同】

都表示程度逐渐增加，但用法不同，不能互换。

【不同】

1."越来越A"表示数量或程度的增加，其中A是形容词或心理动词：

来中国学汉语的留学生越来越多了。(越……越……×)

何青英越来越漂亮了。(越……越……×)

最近她越来越想家。(越……越……×)

2."越A越B"表示B随着A的情况而程度增加，其中A、B可以是动词或形容词；还可以组成"越A，越B"的句式：

买东西并不一定越贵(A)越好(B)。(越来越……×)

这首歌我越听(A)越爱听(B)。(越来越……×)

人的要求越多(A)，就越难满足(B)。(越来越……×)

这孩子，你越批评他(A)，他越不听话(B)。(越来越……×)

Z

> 在 zài（副 indicating an action in progress；介 at, in；动 be at）
> 正在 zhèngzài（副 in progress of, in course of）

【相同】

都是副词，做状语，表示行为状态的进行、持续。经常可以互换：

同学们在考试，你们说话小声点儿。（正在 √）
他们在开会，你等一会儿。（正在 √）
我到他家的时候，他正在吃饭呢。（在 √）
我正在跟人商量事情，等会儿再给你电话。（在 √）

【不同】

1."在"前面可以有"一直、总、还、又、都"等词语，强调行为的持续或重复；"正在"没有这样的用法：

每次去找她，她总在看书学习。（正在 ×）
你怎么了？又在想家了？（正在 ×）

2.有时只表示处于某个状态，不是强调正在进行，此时用"在"，不用"正在"：

他在骗你呢，你别信他的话！（正在 ×）
玛丽在当医生，安娜在当老师。（正在 ×）
李先生在负责学校的教学管理。（正在 ×）

3."正在"可以用在复句的前一分句，表示在某个动作行为进行的过程中，另一个动作行为突然出现；"在"没有这样的用法：

我正在睡觉，电话铃响了。（在 ×）
我们正在上课，一只小鸟从窗外飞了进来。（正在 ×）

4."在"还有动词用法，可以做谓语；还有介词用法，组成介词短语做状语。"正在"没有这样的用法：

我昨天上午不在宿舍，在图书馆。（动词。正在 ×）
我在教室里捡到一个手机。（介词。正在 ×）

怎么 zěnme（代 how, why）　　为什么 wèi shénme（代 why）

【相同】

都是代词，做状语，都可以用来问原因，经常可以互换。不过，

用"怎么"时还往往是感到意外、奇怪而问,语气比较婉转;"为什么"是有疑而问,语气比较直接:

她<u>为什么</u>哭了?(怎么√)

今天<u>为什么</u>这么热?(怎么√)

你今天<u>怎么</u>穿得这么漂亮?(为什么√)

你<u>怎么</u>没去上课?(为什么√)

【不同】

1. "怎么"单独成句,位于另一句之前,表示奇怪或惊奇,不是问原因;"为什么"单独成句,位于另一句之后,用来问原因:

<u>怎么</u>,你不去?(为什么×)

<u>怎么</u>,你怕打针?(为什么×)

听说你跟小丽吵架了,<u>为什么</u>?(怎么×)

你不愿意,<u>为什么</u>?(怎么×)

2. "为什么"可以在句子中做宾语、谓语,强调原因,相当于"因为什么";"怎么"没有这样的用法:

他没来上课,我也不知道<u>为什么</u>。(怎么×)

你这样做究竟<u>为什么</u>?(怎么×)

我想知道他生气是<u>为什么</u>?(怎么×)

3. "怎么"后面带"了、啦"可以做谓语,问情况,还可以用来做状语,问方式;"为什么"没有这样的用法:

你今天<u>怎么</u>了?这么兴奋。(问情况。为什么×)

玛丽<u>怎么</u>啦?看起来有点儿不高兴。(问情况。为什么×)

你是<u>怎么</u>解释这个词的?(问方式。为什么×)

请问,去第三教学楼<u>怎么</u>走?(问方式。为什么×)

4. "怎么"可以与"能、会、可能、可以"等词语连用,用在反问句中;"为什么"没有这样的用法:

我们是朋友,我<u>怎么</u>能破坏你的事呢?(为什么×)

这件事大家都知道,你怎么会不知道呢?(为什么 ×)
这么重要的事情,他怎么可能不告诉你呢?(为什么 ×)

怎么 zěnme(代how, why）　　　怎么样 zěnmeyàng(代how）

【相同】

都是代词,在动词前做状语,用在疑问句中问方式。有时可以互换:

你是怎么找到他的?(怎么样 √)

这个问题该怎么样回答呢?(怎么 √)

【不同】

1."怎么"做状语可以用来问原因,相当于"为什么";"怎么样"不能:

这么重要的会,你怎么迟到了?(怎么样 ×)

这么晚了,你怎么还不走?(怎么样 ×)

2.都可以做谓语,用来问情况,但不能互换。"怎么"是发现有问题而问,问的是有什么问题,后面一定要带"了"或"啦";"怎么样"是因为不了解情况而问,问的是情况是什么样的:

你怎么了?这么不高兴。(发现问题而问。怎么样 ×)

你快看这条金鱼怎么啦?一动也不动。(发现问题而问。怎么样 ×)

你最近怎么样?工作忙吗?(不了解而问。怎么 ×)

这事后来怎么样了?(不了解而问。怎么 ×)

3."怎么"和"怎么样"都可以单独成句,用在句子前面,但不能互换。"怎么"表示没想到、惊讶;"怎么样"表示追问或得意的语气:

怎么?你还不知道这件事?(怎么样 ×)

怎么?他不同意你去?(怎么样 ×)

<u>怎么样</u>？你到底去不去？（怎么×）
<u>怎么样</u>？我说的没错吧？（怎么×）

4."怎么样"还可以用在句子之后单独成句，问对方的意见；"怎么"不能。"怎么样"还可以做补语问情况；"怎么"不能：

我们明天下午两点出发，<u>怎么样</u>？（怎么×）
我们散步去，<u>怎么样</u>？（怎么×）
我昨天说的事情你考虑得<u>怎么样</u>？（补语。怎么×）
春节你过得<u>怎么样</u>？（补语。怎么×）

中 zhōng（名 among, middle, in the middle of）
中间 zhōngjiān（名 among, in the middle of, between）

【相同】

都是名词，用在名词性词语后面，表示在某个范围之内。经常可以互换：

你认识的人<u>中</u>有没有当医生的？（中间√）
这些礼物<u>中间</u>，我最喜欢的是小美送给我的围巾。（中√）
我们这几个人<u>中间</u>，丽丽是最小的。（中√）

【不同】

1.都可以表示处所、位置，但"中"指的是在某个处所范围之内，没有一个确定的点；"中间"指两点或空间的中心位置。语义明确时不能互换：

湖<u>中</u>有很多鱼。（湖的范围之内。）
湖<u>中间</u>有座小山。（湖的中心。）
他跳进游泳池<u>中</u>，一下子就游了20米。（中间×）
游泳池<u>中间</u>是最深的。（中×）

2."中间"可以单独做主语、定语、介词宾语，还可以表示两点

之间的某一点或某个时间段内;"中"没有这样的用法:

房间的<u>中间</u>放着一张书桌。(主语。中 ×)
<u>中间</u>的同学往前走一步。(定语。中 ×)
大家往<u>中间</u>走走。(介词宾语。中 ×)
第一排最<u>中间</u>那个人就是我们的校长。(定语。中 ×)
我们开了一上午的会,<u>中间</u>只休息了10分钟。(主语。中 ×)

3. "中"可以用在名词后面,表示在某个东西或范围的里面、内部,有"里面"的意思;"中间"没有这样的用法:

山<u>中</u> 雨<u>中</u> 风<u>中</u> 杯<u>中</u> 手<u>中</u> 心<u>中</u> 眼<u>中</u>(中间 ×)
天空<u>中</u> 歌声<u>中</u> 书本<u>中</u> 生活<u>中</u> 音乐<u>中</u> 记忆<u>中</u>(中间 ×)
我喜欢在小雨<u>中</u>散步。(中间 ×)
请大家把手<u>中</u>的东西放好。(中间 ×)

4. "中"可以用在一些动词、形容词之后,表示过程或状态,前面常用介词"在"或"从";"中间"没有这样的用法:

没想到在考试<u>中</u>会出现这样的问题。(中间 ×)
希望孩子们能在快乐<u>中</u>成长。(中间 ×)

重要 zhòngyào(形 important,significant)
主要 zhǔyào(形 main,principal)

【相同】

都是形容词,形容有重大的作用、意义和影响,都可以做定语,都可以构成"的"字短语。有时可以互换,但意思有些不同:"重要"只表示具有重要意义、作用的,没有比较的意思;"主要"表示在一组事物或很多人物中起决定作用的、地位在先的,是相比较而言的:

开学了,对于你来说最<u>重要</u>的事情是什么?(主要 √)
这是成功的<u>重要</u>条件之一。(主要 √)

他是这个电影的<u>主要</u>演员之一。(重要√)

【不同】

1. 只表示作用大时,用"重要";明确表示地位在先时,用"主要":

这是个<u>重要</u>的机会,我们一定要抓住。(主要×)

他有<u>重要</u>的事要告诉大家。(主要×)

这次会议的<u>主要</u>目的是什么?(重要×)

这几个原因中,你觉得哪个是<u>主要</u>原因?(重要×)

2. "重要"能受"不、最、很、更、特别、这么、那么"修饰,"主要"一般只受"最"修饰;"重要"可以用在比字句中,可以说"重要不重要、重要得多";"主要"不能:

不<u>重要</u> 更<u>重要</u> 很<u>重要</u> 还<u>重要</u> 这么<u>重要</u>(主要×)

他刚来,这些不太<u>重要</u>的工作交给他试试。(主要×)

这么<u>重要</u>的事情你为什么不告诉我?(主要×)

这个问题比那个问题还<u>重要</u>。(主要×)

这件事<u>重要</u>不<u>重要</u>?(主要×)

3. "重要"可以做谓语,"主要"不能;"主要"可以做状语,"重要"不能:

这只是我们的建议,你自己的选择最<u>重要</u>。(谓语。主要×)

快乐比什么都<u>重要</u>。(谓语。主要×)

我认为解决问题的办法<u>主要</u>有两个。(状语。重要×)

他能有今天的成绩,<u>主要</u>是他自己努力。(状语。重要×)

住 zhù(动 live, reside)   住在 zhùzài(动 live in, reside)

【相同】

都是动词,表示在一个地方居留,后面有表示处所的词语时,常可互换：

住学校　住家里　住宾馆　住奶奶家（住在 √）

他们住学校。（住在 √）

这两天我住在花园酒店。（住 √）

【不同】

1.如果后面接的是具体的某个城市，一般用"住在"，不用"住"：

李梅住在北京。（住 ×）

夫妻俩一个住在广州，一个住在珠海。（住 ×）

2."住在"后面必须有表示处所的词语；"住"后面可以没有：

我和爸妈一起住。（住在 ×）

这两天我住同学家。（住在 √）

3."住"后可以有表示状态、时间等的补语；"住在"不能：

他在这儿住习惯了。（状态。住在 ×）

你放心，我在这里住得很舒服。（状态。住在 ×）

爷爷在这里住了几十年。（时间。住在 ×）

词目音序索引

A

ai

矮 1

爱 2

爱好 3, 4

B

ba

吧 5

bang

帮忙 6

帮助 6

bei

被 7

bi

比 8

比较 8

必须 9

bie

别 10

别的 11

别客气 12

bing

病 13

bu

不 14

不比 15

不对 16

不客气 12

不同 17

不要 10

不一会儿 18

不一样 17

不再 19

C

cai

才 21, 23

cha

差 24

chang

长 25, 26

常常	27
chu	
除了……都	29
除了……还	31
除了……也	29, 31
ci	
词	28
词语	28
次	29
cuo	
错	16

D

da	
打开	32
打算	33, 34
de	
得	35
的	35
地	35
di	
低	1
地点	36
地方	36
dian	
点	37
点钟	37
dong	
懂	38
duan	
短	1
锻炼	38
dui	
对	39, 40, 41
duo	
多	42
多么	42
多少	43

E

er	
二	44

F

fa	
发现	45
fang	
房间	46
房子	46, 47
fei	
非常	47
肥	48
fen	
分	49

分钟	49	**H**	
		hai	
G		还	56
gao		还是	63
高兴	50	孩子	64
ge		害怕	65
个	51	hao	
gei		~好	66
给	52	好不容易	67
gen		好看	67
跟	39, 53	好容易	67
跟……一样	55	号	111
geng		he	
更	56	和	53
guan		hen	
关心	57	很	68
guo		huai	
国	57	坏	24
国家	57	hui	
国外	59	回	29
过	61	会	100
~过来	59	huo	
~过去	59	或者	63
过去	61		
		J	
		ji	
		极	47, 69

急	70	jue	
几	43	觉得	109
记得	72		
记住	72	**K**	
jia		kai	
家	47	开	32
jian		kan	
简单	73	看	83, 84
见	74, 83	看到	84
见面	74	看见	45, 84
jiang		kao	
讲	75	考	85
讲话	76	考试	85
jiao		ke	
叫	7, 77	可以	101
教师	78	课堂	79
教室	79	kuai	
jie		快乐	50
街道	79	快要	83
结束	80		
jing		**L**	
经常	27	lai	
jiu		来	86
久	26	lao	
旧	81	老	81
就	21	老师	78
就要	83	老是	88

le		那边	97
了	61	那儿	95, 97
liang		那里	97
两	44	那么	96, 98, 99
liao		那样	98
了解	89	neng	
lu		能	100, 101
路	79	nian	
		年	102
M		年轻	103
ma		年青	103
吗	5	nu	
man		努力	104
慢慢	90	nü	
mei		女的	105
没	14	女人	105
没关系	92		
没什么	92	**P**	
没事儿	92	pa	
没有	15	怕	65
每天	93	pang	
ming		胖	48
明白	38, 94	piao	
		漂亮	67
N		pu	
na		普通	106
那	95, 96		

Q

qi

其他 11

qing

清楚 94

qu

去 86

R

ran

然后 107

rang

让 7, 77

ren

认识 108

认为 109, 110

认真 104

ri

日 111, 112

rong

容易 73

S

sheng

生病 13

shi

时候 113

时间 113

使 77

事 114

事情 114

shuang

双 40

shui

睡 115

睡觉 115

shuo

说 75

说话 76

sui

岁 102

T

ta

她 116

他 116

它 116

tai

太 117

tian

天 112

天天 93

ting

听 118

听到	118	~下去	127
听见	118	**xiang**	
tong		相同	128
同学	119	想	33,129,131
		想出来	132
W		想起来	132
wai		向	41
外国	59	像……一样	55
wan		**xiao**	
完	80,120	小孩儿	64
~完	66	小时	132
完成	120	小心	133
wang		**xin**	
忘	121	新	135
忘记	121	新鲜	135
wei		**xing**	
为	52,123	兴趣	4
为了	123,124	**xu**	
为什么	151	需要	136
位	51	**xue**	
		学	137
X		学生	119
xi		学习	137
希望	125,126		
喜欢	2,3	**Y**	
xia		**yao**	
~下来	127	要	129,136,138

要求	138	yuan	
ye		远	25
也	139	愿意	125, 131
yi		yun	
一般	106	运动	38
一点儿	140, 141		
一定	9	**Z**	
一会儿	18	zai	
一块儿	143	再	148
一齐	143	再不	19
一起	143	在	150
一些	140, 144	zen	
一样	128	怎么	151, 153
一直	145	怎么样	153
以后	107	zhao	
以前	61	着急	70
以为	110	照顾	57
yin		zhe	
因为	124	这么	99
you		zhen	
有的	146	真	68, 117
有点儿	141, 147	zheng	
有些	144, 146, 147	正在	150
又	139, 148	zhi	
yue		知道	89, 108
越……越……	150	只	23
越来越……	90, 150		

zhong		注意	133
中	154	祝	126
中间	154	zhun	
钟头	132	准备	34
重要	155	zong	
zhu		总是	88, 145
主要	155	zui	
住	156	最	69
住在	156		